AI와 공급망 관리

AI문고

인공지능 시대입니다. 기계가 인간의 인지를 대신하고, 사물이 인간을 통하지 않고 다른 사물과 직접 커뮤니케이션합니다. 이에 따른 인간 삶과 문명 변화를 정확히 이해·예측·대응하는 것은 이 시대 우리 모두의 과제입니다. AI문고는 인공지능 기술과 환경의 여러 주제를 10가지 키워드로 정리합니다. 관련 개념과 이론, 학계와 산업계의 쟁점, 우리 일상의 변화를 다룹니다. 인간과 기술의 현재, 미래를 세심히 분석합니다.

일러두기

- 인명, 작품명, 저서명, 개념어 등은 한글과 함께 괄호 안에 해당 국가의 원어를 병기했습니다.
- 외래어 표기는 현행 어문규정의 외래어표기법을 따랐습니다. 다만 '딥마인드', '딥러닝', '솔루션' 등은 관행을 따랐습니다.

처음이세요?

전문가세요?

AI와 공급망 관리

정성욱

대한민국, 서울, 커뮤니케이션북스, 2025

AI와 공급망 관리

지은이 정성욱
펴낸이 박영률

초판 1쇄 펴낸날 2025년 6월 30일

커뮤니케이션북스(주)
출판 등록 2007년 8월 17일 제313-2007-000166호
02880 서울시 성북구 성북로 5-11
전화(02) 7474 001, 팩스(02) 736 5047
commbooks@commbooks.com
www.commbooks.com

ISBN 979-11-430-0071-2 03500

책값은 뒤표지에 표시되어 있습니다.

차례

AI 시대와 경영 환경 변화

만약 내일부터 반도체 공급이 완전히 중단된다면 어떤 일이 벌어질까? 스마트폰, 자동차, 컴퓨터 등 우리가 일상생활에서 사용하는 제품들의 생산이 멈추고, 기업들은 막대한 손실을 볼 것이다. 우리는 이미 비슷한 상황을 경험했다. 코로나 19 팬데믹으로 인해 기업들의 생산은 중단되고, 소비자들은 많은 불편을 겪었다. 글로벌 공급망이 붕괴하면서 제품 생산과 유통이 차질을 빚었고, 많은 기업이 예상치 못한 위기를 맞았다. 이처럼 공급망 관리의 중요성이 더욱 커지는 가운데, AI 기술이 혁신적인 해결책의 하나로 떠오르고 있다.

과거 영화 〈매트릭스〉와 〈터미네이터〉 속에서 AI는 인간을 통제하고 지배하는 존재였다. 〈매트릭스〉에서 키아누 리브스(Keanu Reeves)가 연기한 네오(Neo)는 AI에 맞서 싸운다. 또한 〈터미네이터〉 시리즈에서 터미네이터들을 조종하는 존재는 스카이넷(Skynet)이라고 불리는 AI 시스템이었다. 스카이넷은 인류의 군사 방어 시스템으로 개발되었으나, 자아를 갖게 되고 인간을 위협적인 존재로 판단하여 전 세계에 핵 공격을 감행한다. 영화의 주인공인 사라 코너(Sarah Connor)와 그녀의 아들 존 코너(John Connor)는 스카이넷을 파괴하기 위한 전쟁을 벌이게 된다.

영화 〈매트릭스 1〉은 1999년 3월, 〈터미네이터〉는 1984년 12월, 〈터미네이터 2: 심판의 날〉은 1991년 7월에 개봉했다. 당시만 해도 대중은 네오와 사라 코너가 싸우는 대상이 누구인지 잘 파악하지 못했다. 대부분의 사람들은 단순히 발전된 기계 시스템 정도로만 인식했을 뿐 그 본질이 AI라는 점을 명확하게 인식하지 못했다.

2016년 3월, AI에 대한 인식을 크게 바꿔 놓은 사건이 발생했다. 바로 이세돌 프로 바둑 기사와 구글 딥마인드(Google DeepMind)사에서 개발한 AI 프로그램 알파고(AlphaGo) 간의 대결이었다. 당시 세계 최정상급 바둑 기사였던 이세돌 9단은 총 5국 중 단 1승만을 거두었다. 사람들은 AI의 경이로운 능력에 감탄과 우려를 동시에 보이기 시작했다.

AI에 대한 관심은 2022년 11월 출시된 챗GPT의 등장으로 폭발적으로 증가한다(이내찬, 2024). 챗GPT는 자연어 처리(Natural Language Processing, NLP)와 대규모 언어 모델(Large Language Model, LLM) 기술을 활용

한 대표적인 AI 챗봇이다. 챗GPT는 대중의 주목을 받은 최초의 AI 도구로 여겨진다(Elgan, 2023). 챗GPT를 통해 AI가 하나의 연구 분야를 넘어 대중의 생활에 직접적인 영향을 미치는 기술로 인식되기 시작했다. 이제 AI는 영화 속에 등장하는 대상이 아니라 우리의 일상에 영향을 미치는 존재로 인식되기 시작했다.

AI가 이끄는 경영 혁신

오늘날 우리는 AI 또는 인공지능이라는 용어를 쉽게 접할 수 있지만 그 개념을 정확히 이해하는 것은 결코 쉽지 않다. AI란 인간의 지능이 필요한 작업을 대신 수행할 수 있는 시스템을 만드는 기술 분야를 의미한다. '인공지능'이라는 용어는 1955년 컴퓨터 과학자 존 매카시(John McCarthy)에 의해 처음 사용되었다. 매카시는 AI란 기계가 언어를 사용하고 학습하며, 일반적으로 인간만이 해결 가능하다고 여겨졌던 문제를 해결하는 능력을 탐구하는 분야로 정의했다(McCarthy et al., 1955; Pournader et al., 2021).

AI의 발전은 기업 경영 환경에도 급격한 변화를 일으키고 있다. 기업에 적합한 AI 기술을 선택하여 잘 활용한다면 경쟁 우위를 확보하는 데 큰 도움이 될 것이다. 반면 AI 기술 도입이 늦거나 적절한 활용 전략을 찾지 못한 기업들은 도태될 가능성이 크다. 그렇다면 기업들은 어떤 AI 기술을 도입해야 하며, 어떻게 활용해야 할까? 성공적인 AI 도입을 위해 필요한 요소는 무엇일까? 과연 우리 기업은 AI를 도입해서 성공할 수 있을까?

기업 경영 측면에서 AI란 머신러닝(maching learning), 딥러닝(deep learning), 자연어 처리, 컴퓨터 비전(computer vision)과 같은 AI 도구를 활용하여 경영 기능과 의사 결정을 최적화하고 직원의 생산성을 높이며, 기업 가치를 강화하는 것을 의미한다(Quiroz-Vazquez & Goodwin, 2024). 이러한 AI 기술의 도입은 데이터 기반 의사 결정을 가능하게 하고 고객 경험을 개선하며, 운영 효율성을 극대화하는 데 중요한 역할을 할 것이다.

코로나 19 팬데믹 이후, 기업들은 공급망 관리의 중요성을 새롭게 인식하게 되었다. 공급망(supply chain)이란 기업이 제품을 생산하기 위해 원재료와 필요 부품을 구매하고, 이를 최종 제품으로 변환하여 고객에게 유통하는 일련의 과정과 조직을 의미한다(Stevenson, 2020). 또한 공급망을 효과적으로 운영하기 위해 기업들은 다양한 전략을 수립하고 수학적 모델을 활용한 분석을 수행하는데, 이를 공급망 관리(Supply Chain Management,

SCM)라고 한다. 코로나 19 이후, 기업의 공급망 운영 방식과 전략은 크게 변화했다. 과거에는 절대로 발생하지 않을 것으로 여겨졌던 글로벌 위기가 현실화되었으며, 정상적인 운영을 회복하는 데 걸리는 시간을 예측할 수 없었다. 이러한 경험을 바탕으로 기업들은 이제 예측하지 못했던 사건의 발생 가능성까지 염두에 두고 공급망을 운영하며, 회복 탄력성(resilience)을 강화하는 데 초점을 맞추고 있다.

포스트 코로나 시대의 공급망 관리에서 AI 기술은 중요한 역할을 수행한다. AI를 활용한 방대한 데이터 분석과 머신러닝을 통해 공급망에 언제 발생할지 모르는 다양한 리스크를 미리 감지하고 분석하며, 이에 대한 대비책까지 사전에 수립할 수 있게 되었다(SAP, 2024). 또한 AI는 사물인터넷(Internet of Things, IoT)이나 로봇 기술과 결합하여 자동화된 프로세스를 구축하고, 재고 관리와 배송 효율성을 개선하며, 보다 탄력적이고 신속하게 대응할 수 있는 공급망을 설계하는 데 기여하고 있다. AI를 활용하여 과거에는 해석이 불가능했던 형태의 데이터(예: 음성, 이미지 데이터 등)와 실시간 데이터까지 분석하여 프로세스를 최적화하고, 더 정확하고 신속한 의사 결정을 내릴 수 있게 되었다. 나아가 AI는 고객에게 맞춤형 가격과 서비스를 제공하고, 다양한 고객 니즈(needs)를 분석하여 고객 만족도를 높이는 데에도 기여한다. 결과적으로 AI 기술 도입을 통해 공급망 운영 효율성을 극대화하고, 비용 절감과 수익성 향상을 기대할 수 있게 되었다.

이 책의 구성

이 책은 AI 기술이 기업의 공급망 관리를 어떻게 혁신할 수 있는지 간단하지만 흥미롭게 살펴본다. 먼저 공급망이 무엇이며, 전통적으로 어떻게 관리되어 왔는지 살펴볼 것이다. 기업이 성공적으로 제품을 생산하고 판매하려면 다양한 기업들과 협력하여 공급망이라는 네트워크를 구축해야 한다. 공급망을 성공적으로 운영하기 위해서는 다른 기업과의 상호 작용을 고려하여 공급망에서 이루어지는 여러 활동을 설계해야 한다.

이 책에서는 공급망 관리의 주요 요소인 ① 수요 예측, ② 파트너 선택, ③ 재고 관리, ④ 품질 관리, ⑤ 배송 시간 관리, ⑥ 고객 관리, ⑦ 그린 SCM의 일곱 가지 측면에서 AI가 어떻게 혁신을 가져오고 있는지 다양한 사례와 함께 소개할 것이다.

대부분의 기업은 공급망 계획을 수립할 때, 수요 예측

을 첫 번째 단계로 수행한다. 제품을 생산하는 기업은 고객(또는 구매자 기업)의 수요를 정확하게 예측하고, 이를 바탕으로 생산 일정을 효과적으로 조정하며, 적절한 시점에 필요한 원자재와 부품을 주문함으로써 공급망 운영 비용을 절감하고 효율성을 극대화할 수 있다. 따라서 수요 예측은 공급망 관리 비용과 효율성을 결정하는 핵심 요소 중 하나로 작용한다.

또한 어떤 기업도 단독으로 공급망을 운영할 수 없기 때문에 좋은 공급망 파트너를 선정하는 것이 중요하다. 공급망에는 구매자, 고객, 공급자, 물류업체 등 다양한 파트너가 존재한다. 기업은 적합한 파트너를 선정하고, 긴밀한 파트너십(partnership)을 유지하는 것이 중요하다. 특히 최적의 공급자 파트너를 선정하는 것은 기업의 원가 절감과 수익성 개선, 회복 탄력성 확보에 직접적인 영향을 미치게 된다.

최근 고객들은 제품 품질에 대해 더욱 민감하게 반응하고 있다. 불량 제품에 대한 정보는 소셜 미디어를 통해 빠르게 확산하여 브랜드 이미지와 고객 충성도에 큰 영향을 미치고 있다. 기업들은 고품질 제품을 유지하기 위해 철저한 품질 검수와 공정 모니터링을 수행하고 있다. 만약 불량 제품이 발견되거나 제품 특성에 지속적인 변동이 발생하는 경우, 프로세스 개선을 진행하여 더 큰 품질 사고를 미연에 방지할 수 있다.

한편 기업 간 배송 전쟁이 점점 치열해지고 있다. 하루 배송을 넘어 당일 배송, 심지어 반나절 배송까지 등장하고 있다. 빠른 배송은 단순히 편의를 넘어서 고객 만족도를 높이고, 고객 수요에 빠르게 대응하여 시장에서의 경쟁 우위와 공급망 회복 탄력성을 확보하기 위한 핵심 전략이 되고 있다.

기존 고객들을 관리하고 신규 고객을 유치하기 위한 전략으로, 전통적으로 고객 관계 관리(Customer Relationship Management, CRM)가 널리 활용되어 왔다. 고객이 스스로 소중하게 대우받고 있다고 느끼도록 하고, 맞춤형 서비스를 제공하여 고객 충성도를 확보하는 것이 CRM의 핵심이었다. 공급망 관리에서도 적합한 고객 타깃층을 설정하고, 맞춤형 고객 관리를 수행함으로써 기업 수익성을 극대화하고 매출을 증가시킬 수 있다.

최근 이상 기후가 빈번하게 나타나며 지구 온난화를 비롯한 환경 문제가 전 세계적인 이슈로 떠오르고 있다. 기업의 공급망 관리에서도 환경 보호와 탄소 배출 저감을 고려한 지속 가능한 운영 방식이 중요해지고 있으며, 그린 SCM(Green Supply Chain Management, GSCM)이

주목받고 있다. 그린 SCM은 친환경 원자재 사용, 생산 및 물류 과정에서의 탄소 배출 절감 등을 통하여 지속 가능한 공급망을 구축하는 것을 목표로 한다.

코로나 19 팬데믹을 통해 글로벌 공급망의 취약성이 드러났으며, AI는 이를 보완할 수 있는 핵심 기술로 주목받기 시작했다. 그렇다면 기업이 공급망 관리에 AI를 적용하면 어떤 이점을 얻을 수 있을까?

먼저 AI를 활용한 업무 자동화는 공급망 전반의 효율성과 생산성을 높이는 데 기여한다. 반복적이거나 단순한 업무를 AI가 처리함으로써 직원들은 중요한 업무에 집중할 수 있다. 또한 자연어 처리 및 머신러닝 알고리즘을 기반으로 한 AI 챗봇과 생성형 AI를 활용하면 고객에게 신속하고 정확한 서비스를 제공할 수 있어, 고객 만족도를 크게 높일 수 있다(SAP, 2024).

AI는 과거에는 분석하기 어려웠던 비정형 데이터를 처리하는 데에도 강점을 가진다. 음성이나 이미지, 소셜 미디어 정보와 같은 비정형 데이터를 분석하여 보다 정확한 의사 결정이 가능하도록 지원한다. 그뿐만 아니라 실시간 데이터 분석을 통해 고객 수요를 더욱 정확하게 예측하고, 공급망 관리를 위한 수학적 모델링을 실시간으로 최적화할 수 있다.

또한 AI는 방대한 데이터를 바탕으로 공급망 내 발생할 수 있는 다양한 리스크를 사전에 감지하고, 이에 대한 대비책을 제공할 수 있다. 코로나 19 이후 공급망 리스크 관리가 크게 주목받고 있지만, 많은 기업은 리스크 자체를 분석하는 데 어려움을 겪고 있다. AI 기법을 활용하면 잠재적 리스크를 효과적으로 파악하고, 이에 대한 해결책을 사전에 마련하는 데 큰 도움이 될 것이다.

이 책을 통해 공급망 개념이 생소한 독자들도 AI 기술이 공급망 관리를 어떻게 변화시키고 있는지, 또한 어떻게 변화시킬 것인지 쉽게 이해할 수 있을 것이다. 아마존, 쿠팡, 이마트24와 같은 국내외 기업들의 실제 사례를 통해 AI 기술이 어떻게 활용되고 있는지 살펴보며 AI 기반 공급망 혁신의 흐름을 파악할 수 있다. 마지막으로 이 책을 통해 AI가 기업의 경쟁력을 어떻게 강화하고, 위기에 강한 공급망을 구축할 수 있는지에 대한 유용한 인사이트를 얻을 수 있을 것이다.

참고문헌

이내찬(2024.11.24). "챗GPT 등장으로 요동치는 AI 생태계". 《전자신문》. https://www.etnews.com/20241122000115

Elgan, M.(2023.7.26). "챗GPT 넘어라… 다양한 LLM 활용이 필요한 때". 《CIO Korea》.

https://www.cio.com/article/3518190/

McCarthy, J. et al.(1955). A proposal for the dartmouth summer research project on artificial intelligence, august 31, 1955. *AI magazine, 27*(4), pp.12~14.

Pournader, M. et al.(2021). Artificial intelligence applications in supply chain management. *International Journal of Production Economics, 241,* 108250.

Quiroz-Vazquez, C. & Goodwin, M.(2024.2.20). What is artificial intelligence (AI) in business? IBM. https://www.ibm.com/think/topics/artificial-intelligence-business

SAP(2024a). What is artificial intelligence? https://www.sap.com/products/artificial-intelligence/what-is-artificial-intelligence.html

SAP(2024b). What is SCM(supply chain management) and why is it important? https://www.sap.com/products/scm/what-is-supply-chain-management.html

Stevenson, W. J.(2020). *Operations Management,* 14e. McGraw Hill.

01
공급망과 공급망 관리

공급망은 제조 기업이 비즈니스를 운영하기 위한 핵심 기반이다. 기업은 성공적인 최종 제품 생산과 원활한 배송을 위해 다양한 거래 파트너들과 협력하며 공급망을 구축하고 운영한다. 그러나 공급망이 제대로 관리되지 않으면 수요 정보의 왜곡으로 인해 불필요한 비용이 발생하고 수익성이 저해된다. AI 기술의 등장은 공급망 관리의 혁신을 가속화할 것이다.

AI와 1인 창업?

공급을 위한 네트워크 – 공급망

2022년 SPC삼립에서 제조한 포켓몬 빵이 선풍적인 인기를 끌었다. 포켓몬 캐릭터 스티커, 일명 '띠부씰'이 들어있는 이 빵은 국내 주요 마트와 편의점에서 판매되었으며, 폭발적인 인기로 인해 1인당 구매 수량이 제한되기도 했다. 매장에서 포켓몬 빵을 구매하기 위해 길게 늘어선 대기 줄은 쉽게 볼 수 있는 풍경이었다.

포켓몬 빵은 어떻게 제조되었을까? 포켓몬 빵의 주원료는 밀가루다. 제조사인 SPC삼립은 빵을 만들기 위해 정제 밀을 비롯한 다양한 재료를 확보해야 한다. 예를 들어 베이킹파우더, 설탕, 유지(버터나 마가린)와 같은 재료와 오븐과 같은 제빵 설비를 구매한다.

SPC삼립에 정제 밀을 공급한 기업은 농가에서 밀을 조달해야 한다. 이 기업은 밀을 정제하기 위한 전용 설비를 설비업체로부터 구매했을 것이다. 또한 밀을 재배한 농가는 병충해 방지를 위한 약품과 비료를 구매했을 것이다. 밀을 수확하고 가공하는 과정에서는 여러 유통업체와 운송 서비스가 개입한다. 완성된 포켓몬 빵 역시 유통업체를 거쳐 배송되었으며 최종 제품은 편의점이나 마트와 같은 유통업체 또는 온라인 쇼핑 업체에서 판매된다.

이처럼 간단해 보이는 포켓몬 빵의 제조 과정에도 다양한 기업들이 협력하고 있다. 원재료 조달부터 제조 → 유통 → 최종 소비에 이르는 과정에서 발생하는 다양한 활동들은 한 개 기업에 의해 단독으로 처리되기가 사실상 불가능하다. 또한 공급망의 한 부분에서 문제가 발생하면 연쇄적인 문제가 발생할 가능성이 크다. 예를 들어, 밀가루 공급에 차질이 발생하면 정제 밀과 빵 생산이 늦어질 것이고, 이는 유통 지연으로 이어져 소비자들이 원하는 시점에 제품을 구매하지 못할 수도 있다.

어떤 기업도 단독으로 생존할 수 없다. 대부분의 비즈니스는 공급자, 공급자의 공급자(2차 공급자), 제조업체, 유통업체, 최종 구매자(고객)에 이르기까지 수많은 기업들이 상호 관계를 맺으며 운영된다. 기업이 원재료를 획득하여 제품으로 변환하고, 최종 제품을 고객에게 유통하는 일련의 과정을 공급망이라고 한다(Wisner et al., 2020). 예전에는 공급 사슬이라는 용어를 많이 사용했지만, 최근에는 공급망과 공급 사슬은 동일한 의미로 사용된다.

공급망은 기업의 제조 프로세스를 기업 외부까지 확대한 개념이다. 다른 예시를 살펴보도록 하자. 우리가 생활 속에서 흔히 사용하는 세탁 세제를 제조하는 기업을 떠올려 보자. 세탁 세제를 생산하려면 다양한 화학 원료들과 용기, 포장재 등이 필요하다. 한 기업이 모든 원료와 용기 등을 직접 생산할 수도 있지만, 이는 비효율적일 것이다. 대부분의 기업은 전문 공급업체로부터 원료와 포장재를 조달하고, 자사의 핵심 역량(세제 제조 및 브랜드 운영)에 집중한다.

공급망을 구성하는 기업들이 각자 자신만의 이익을 좇으면 어떻게 될까? 대부분의 기업들은 자신과 거래하는 상대편의 이익까지 고려하기보다는 당장 우리 기업의 단기 실적에 집중하는 경향을 보인다. 혹시 이런 생각을 해 본 적이 있는가? '우리 기업의 최대 이익을 위한 결정이 혹시 다른 기업의 이익을 감소시킬 수 있지 않을까?' 만약 공급망에서 가장 강한 협상력(bargaining power)을 지닌 기업이 오직 자신의 이익만을 좇는다면 과연 공급망이 유지될 수 있을까?

기업은 종종 사일로 심리(Silo Mentality)를 가지게 된다. 사일로는 원래 곡식을 저장하는 원통형 창고를 의미하며, 경영학에서는 부서 이기주의를 뜻하는 용어로 사용되고 있다(DBR, 2009). 공급망에서 사일로 심리를 가진 기업은 가장 저렴한 공급업체만을 선정하여 단기 수익을 극대화할 가능성이 크다. 또한 파트너와의 동반 성장을 고려하지 않고, 당장의 이익에 집중한 제품만을 설계하고 생산하게 된다(Wisner et al., 2020).

장기적으로 안정적인 공급망을 운영하고 지속 가능한 생태계를 구성하기 위해서는 개별 기업에 최선이 아니더라도 공급망 전체에 이익이 되는 의사 결정이 필요하다. 이를 위해 공급망을 구성하는 기업들이 원팀(one team) 정신을 갖고 상생을 위해 노력해야 한다. 서로 간의 신뢰를 형성하여 공급망 전체에 이익이 되는 의사 결정을 내리기 위해 정보를 공유하고 상호 양보하는 것이 필요하다.

공급망 관리

공급망 관리란 공급망을 효과적으로 운영하기 위한 방안을 강구하고 실행하는 과정을 의미한다. 공급망 관리는 종종 공급 사슬 관리나 SCM과 동일하게 사용된다. 공급망 관리는 고객을 만족시키고 시스템 전체 비용을 최소화하기 위해 제품을 정확한 수량으로, 정확한 장소와 시간에 공급될 수 있도록 공급자, 제조업자, 유통업자, 보관 업체들을 효율적으로 관리하는 것이다(문일경 외, 2024). 공급망 관리는 원자재를 최종 제품으로 변환하여 고객에게 제공하기까지의 모든 활동(구매, 제품 설계,

생산, 보관, 유통 등)을 포함한다(SAP, 2024).

성공적인 공급망 관리를 위하여 기업들은 기업 활동에 영향을 미치는 주요 정보를 공유하며 협력해야 한다. 또한 기업 운영의 효율성, 품질, 고객 서비스를 향상하기 위해서 공급망에 참여하는 기업들의 활동을 통합(integrating)하거나 조정(coordinating)하는 것이 필수다(Wisner et al., 2020).

공급망 관리가 실패하면?

만약 공급망 관리가 제대로 이루어지지 않으면 어떤 일이 발생할까? 대표적으로 채찍 효과(Bullwhip Effect)가 나타날 수 있다(Lee et al., 1997). 채찍의 움직임을 떠올려 보자. 손잡이 부근에서는 작은 움직임이 발생하지만, 손잡이에서 멀어질수록 움직임이 점점 커진다. 공급망에서도 이와 유사하게 최종 고객(손잡이)으로부터 멀어질수록 수요 변동이 증폭되는 현상이 발생한다.

예를 들어 한 고객이 이번 주에 제품을 다섯 개 구매하고 1주 후 다시 다섯 개, 또다시 1주 후 다섯 개를 구매한다고 가정해 보자. 이때 제품을 판매하는 유통업체는 어떤 판단을 내릴까? 유통업체는 지속적으로 다섯 개의 수요가 발생할 것이라고 예상할 것이다. 심지어 수요가 증가할 것으로 판단해 다섯 개 이상을 선주문할 수도 있다.

그렇다면 유통업체로 제품을 공급하는 제조업체는 어떻게 반응할까? 제조업체는 유통업체로부터 받은 주문을 기반으로 수요를 예측한다. 만약 유통업체가 추가적인 수요 발생 가능성에 대비하여 여섯 개를 매주 주문하면 어떻게 될까? 제조업체는 지속적으로 여섯 개 이상의 수요가 발생할 것으로 예상하고, 나아가 추후 수요 증가를 고려해 생산량을 더욱 확대할 수도 있다. 결국 최종 고객 수요(손잡이)에서 멀어질수록 실제 공급망 수요가 크게 왜곡되는 현상이 벌어진다. 이를 채찍 효과라고 한다.

채찍 효과가 발생하면 어떤 결과가 초래될까? 채찍 효과는 수요 정보의 왜곡을 의미한다. 수요 정보가 왜곡되면 공급업체, 제조업체, 유통업체 들은 필요 이상으로 재고를 확보할 것이고, 이로 인해 과잉 재고가 발생한다. 재고가 쌓이면 이를 보관하는 데 추가적인 비용이 필요하며, 시간이 지나면서 폐기 비용까지 발생하게 된다. 또한 잘못된 수요 예측으로 생산량 조절이 어려워지면서 기업의 운영 효율성과 수익성이 저하될 것이다.

채찍 효과는 다양한 이유로 발생한다. 그중 하나는 수요 변화에 대해 과도하게 반응하는 유통업체나 제조업체의 존재다. 또한 물류비용을 아끼기 위해 한꺼번에 대량으로 주문하는 고객이나 유통업체, 또는 거래를 촉진하기 위해 대량 구매에 큰 폭의 할인을 제공하는 정책도 수요 왜곡 현상을 초래할 수 있다(Cachon & Terwiesch, 2023). 하지만 채찍 효과의 가장 큰 원인은 공급망에 참여하는 기업 간 정보 공유가 이루어지지 않는 것이다. 공급망의 최종 수요에 대한 정보가 원활히 전달되지 않기 때문에 기업들은 정확한 수요를 파악하지 못한 채 각자의 판단에 따라 주문을 조정하고, 수요가 왜곡된다.

그렇다면 채찍 효과를 방지하려면 어떻게 해야 할까? 공급망에 참여하는 기업들은 서로 간의 정보를 적극적으로 공유하고 협업 방안을 마련해야 한다. 대량 구매에 따른 인센티브 제공과 같은 정책 변화에 대해서도 즉각적인 정보 공유가 이루어져야 한다. 이를 위해 공동으로 수요 예측과 재고 관리를 수행하는 것이 필요하다.

과거의 공급망에서는 기업 간 정보 공유가 원활하지 않았을 뿐 아니라, 설령 공유되더라도 이를 효과적으로 분석할 기술적 역량이 부족했다. 기존에는 다양한 기업의 이해관계를 복합적으로 고려한 재고 관리가 결코 쉽지 않았으며, 정확한 수요 예측을 위해 여러 기업으로부터 데이터를 수집하더라도 이를 종합하여 예측치를 도출하는 과정이 매우 어려웠다.

그러나 AI의 발전으로 인해 기업 간 능동적인 정보 공유가 가능해지고, 과거에는 처리할 수 없었던 방대한 데이터를 빠르게 분석하는 것이 가능해졌다. 기존에는 해석이 어려웠던 비정형 데이터나 실시간 데이터에 대한 고려도 가능해졌다. 특히 AI는 정적인 최적화 방식에서 벗어나 지속적으로 변하는 공급망 환경을 반영하여 동적으로 최적화할 수 있는 능력을 갖추었다. 이로 인해 공급망 내 수많은 기업의 의사 결정을 실시간으로 최적화할 수 있어, 채찍 효과와 같은 공급망 왜곡 현상을 최소화할 수 있게 되었다(Mediavilla et al., 2022).

참고문헌

문일경 외(2024). 《생산 및 운영관리》, 개정3판. 생능출판사.

에드워드 베이커(2009). "이기주의로 꽉 막힌 '사일로'를 깨라". 《동아비즈니스리뷰》, 39호.

Cachon, G. & Terwiesch, C.(2023). *Matching Supply with Demand*, 5e. McGraw Hill.

Lee, H. L. et al.(1997). The bullwhip effect in supply chains. *Sloan Management Review*.

Mediavilla, M. A. et al.(2022). Review and analysis of artificial intelligence methods for demand forecasting in supply chain management. *Procedia CIRP, 107,* pp.1126~1131.

SAP(2024). What is SCM(supply chain management) and why is it important?

https://www.sap.com/products/scm/what-is-supply-chai
n-management.html

Wisner, J. D. et al.(2020). *Principles of Supply Chain Management: A Balanced Approach*, 5e. CENGAGE.

02
포스트 코로나 시대 공급망 관리

코로나 19는 기업의 공급망 관리에 막대한 변화를 가져왔다. 기업들은 글로벌 공급망 붕괴라는 위기에 직면했으며, 팬데믹 이후에도 공급망의 회복 탄력성을 확보하는 데 심혈을 기울이고 있다. AI 기술은 기업이 공급망 회복 탄력성을 강화하는 데 큰 도움을 줄 것이다.

AI와 MBTI?

공급망이 붕괴한다!

2019년 11월 17일 중국 우한시에서 최초로 발생한 코로나 19(건강보험심사평가원, 2023)는 기업들에게 심각한 타격을 입혔다. 당시 중국 정부는 코로나 19 확산을 억제하기 위해 우한시를 봉쇄하고 제조업 공장 가동을 중단했다(유멍, 2020). 코로나 19가 발생한 우한시는 많은 기업들의 공급망에서 매우 중요한 역할을 수행하고 있었다. 포춘 글로벌(Fortune Global) 500대 기업 중 200개 이상의 기업이 우한시에서 활동하고 있었다(Deloitte, 2020). 국제 신용 평가 기업인 '던 앤드 브래드스트리트(Dun & Bradstreet)'에 따르면 포춘 선정 1000대 기업 중 163개 기업의 1차 공급업체가 코로나 영향권에 자리 잡고 있었으며, 938개 기업의 2차 공급업체 중 최소한 한 개 이상의 업체가 코로나 영향권에 위치했다(Deloitte, 2020). 우한시와 주변 지역 업체에 직접적으로 의존하지 않는 기업들도 물류 측면에서 우한시의 중요성으로 인해 봉쇄 정책의 영향을 받았다.

이러한 전면적인 봉쇄 정책이 다른 지역으로 확대되면서 글로벌 공급망의 일부를 중국에 위치시킨 기업들은 심각한 타격을 받기 시작했다. 공급망 내 한 부분의 작동이 중지되어 전체 공급망이 마비되는 붕괴(disruption)

현상이 발생했다. 예를 들어 전체 아이폰 생산의 절반 이상을 담당하는 중국 허난성 정저우시에 위치한 폭스콘(Foxconn) 공장은 2022년 전면 봉쇄되었다(《동아일보》, 2022; KPI뉴스, 2022). 생필품 운반을 제외한 모든 차량의 운행이 금지되었기 때문에 부품 공급이 중단되고, 완제품 출하도 불가능했다. 당시 정저우 공장에서는 아이폰 14 시리즈의 80%를 생산하고 있었기 때문에 제품 생산에 막대한 차질이 발생하였으며, 애플의 수익성에도 심각한 타격을 입혔다(KPI뉴스, 2022).

코로나 19 공급망 관리

2000년대 들어 공급망 관리의 주요 화두는 효율성 강화와 최적화였다. 기술 발전으로 수송 시간이 단축되고 의사소통이 수월해지면서 기업들은 글로벌 공급망을 구축하고 비용을 줄이는 전략을 도입했다. 예를 들어 인건비가 저렴한 국가에 공장을 설립하여 낮은 비용으로 제품을 생산한 후, 이를 다른 국가로 수출하는 방식이 일반화되었다.

하지만 코로나 19는 글로벌 공급망의 취약성을 여실히 드러냈다. 공급망 내 어느 한 부분에 문제가 발생하면 전체 공급망이 붕괴되었다. 팬데믹으로 인해 국가 간 이동이 제약되고, 전 세계에서 동시다발적인 제조업 마비 현상이 발생하며 이러한 문제는 더욱 악화되었다(《전자신문》, 2020).

전대미문의 위기를 겪으면서 기업들은 공급망 리스크 관리의 중요성과 위기 발생 시 신속하게 대응하고 회복할 수 있는 능력(회복 탄력성)의 필요성을 절감하게 되었다(SAP, 2024). 실제로 위기에 대비한 공급망 관리 시스템을 갖춘 기업은 팬데믹 속에서도 경쟁력을 유지했지만, 그렇지 못한 기업은 공급망 붕괴로 인해 심각한 손실을 보았다. 코로나 19를 통해 공급망 관리의 중요성이 재조명되었으며, 특히 회복 탄력성과 리스크 관리가 핵심 화두로 떠올랐다.

포스트 코로나 시대의 공급망 관리

정부는 2023년 5월 엔데믹(endemic)을 선언하며 코로나 19의 공식적인 종식을 선언했다. 하지만 엔데믹 이후에도 공급망 관리의 중요성은 오히려 강화되었다. 한국경제인협회가 2023년 12월 122개 회원사를 대상으로 조사한 '2024년 글로벌 이슈 및 대응 계획'에 따르면, 회원사의 23%는 '글로벌 공급망 문제 심화'가 경제에 막대한 영향을 미칠 것으로 전망했다(뉴시스, 2024).

기업들은 코로나 19와 같이 예상치 못한 글로벌 위기에서 공급망은 언제든지 붕괴할 수 있으며, 그로 인한 피해는 글로벌 공급망 구축으로 얻을 수 있는 비용 절감 효과를 초과할 수 있다는 사실을 깨닫게 되었다. 이에 따라 기업들은 공급망 회복 탄력성과 유연성을 강화하기 위한 공급망 다변화 및 디지털 전환과 같은 전략을 도입하며 공급망 관리에 더욱 박차를 가하기 시작했다(허대식, 2020).

현대자동차의 사례를 살펴보자. 글로벌 완성차 기업들은 2021년부터 반도체 수급난에 직면했다. 이 위기의 원인은 일차적으로는 코로나 19이지만, 이후 대만 반도체 기업인 TSMC의 마이크로 컨트롤러 유닛(MCU) 반도체 독점, 다변화가 어려운 공급망 구조, 대만 · 미국 · 일본 등 주요 생산지에서 발생한 자연재해로 인해 상황이 더욱 악화되었다(테크데일리, 2021). 반도체 수급난으로 인해 현대자동차는 2021년 4월 울산 1공장의 가동을 약 일주일간 중단했다. 그랜저와 쏘나타를 생산하는 아산 공장 역시 가동을 중지해야 했다(《매일경제》, 2024). 반도체 수급난은 차량 생산과 판매에도 직접적인 영향을 미쳤다. 2022년 1월, 현대자동차는 국내외 시장에서 28만 2204대의 차량을 판매했는데, 이는 2021년 대비

12.1% 감소한 수치였다(한국무역협회, 2022).

이러한 경험을 바탕으로 현대자동차는 차량용 반도체 공급망 다변화를 위한 전략을 적극 추진하고 있다. 국내 반도체 기업과의 협업을 강화하는 한편, 자체적으로 현대모비스를 통해 차량용 반도체 개발을 추진하고 있다. 또한 반도체 분야 해외 스타트업에도 적극적으로 투자하며 공급선을 다변화하고, 공급망 회복력 강화에 힘을 기울이고 있다(《매일경제》, 2024).

AI와 공급망 관리

포스트 코로나 시대 공급망 관리의 핵심 이슈 중 하나는 회복 탄력성과 리스크 관리다. AI 기술은 공급망 내 회복 탄력성을 체계적으로 강화하는 데 도움을 준다. 급변하는 경영 환경과 극단적인 공급망 붕괴 속에서도, 회복 탄력성이 구축된 공급망은 리스크 감지 및 데이터 트렌드 분석, 가상 시나리오 및 현실적인 고객 수요 평가, 자동화된 네트워크 구성, 위기 대응 및 수요 변동성 관리, 공급망 충격 완화를 위한 대책 마련을 신속하게 수행할 수 있다(Modgil et al., 2022).

코로나 19 이전에는 공급망 문제 해결을 위해 과거 데이터(historical data)에 크게 의존했다. 하지만 코로나

19 이후 불확실성이 급격히 증가하면서 고객 수요, 생산, 배송 속도 등에 대한 예측이 부정확해지는 경우가 많아졌다. 이에 AI 기술을 활용한 광범위한 데이터 분석이 주목받고 있다(Koshulko, 2023). AI는 다양한 형태의 데이터를 실시간으로 수집하고, 변화하는 리스크를 분석하며 다양한 시뮬레이션을 통해 위기를 예측하고 대응 전략을 제시할 수 있다. 따라서 AI 활용을 통해 공급망의 회복 탄력성을 더욱 강화하고 리스크 관리를 최적화할 수 있다.

특히 챗GPT와 같은 생성형 AI의 등장은 공급망 내 의사 결정의 속도와 정확성을 크게 향상하고 있다. 과거에는 소수의 전문가가 공급망 최적화 알고리즘을 활용해 공급망 운영 계획을 수립했지만, 생성형 AI의 발전으로 공급망 최적화가 더욱 간단하고 보편화되고 있다(BCG, 2024).

또한 생성형 AI는 공급망 관리의 다양한 측면을 개선하여 기업이 더 많은 이익을 실현할 수 있도록 돕는다. AI는 공급망 운영 데이터에 대한 이해도를 높이고 분석 역량을 향상하며, 운영자를 대신해 왓 이프(What-If) 분석을 수행하고 결과를 해석할 수 있다. 나아가 공급망 참여 기업 간 협력을 강화하고 공급망 프로세스 자동화를 촉진함으로써 더욱 효율적인 공급망 운영을 가능하게 한다(BCG, 2024).

참고문헌

건강보험심사평가원(2023). "코로나 19, 역사를 기록하고 미래를 묻다: 팬데믹에서 일상회복까지 심평원이 걸어온 길".

뉴시스(2024.1.8). "올해 글로벌 이슈…'공급망 문제, 고금리, 미중 갈등' 꼽혀".
https://www.newsis.com/view/NISX20240107_0002583573

동아일보(2022.12.25). "아이폰이 크리스마스 선물이 되지 못한 이유".
https://www.donga.com/news/Inter/article/all/20221225/117148320/1?utm_source=chatgpt.com

매일경제(2024.2.15). "車반도체 대란에 현대차 절치부심 … '칩 생태계' 구축 나섰다".
https://www.mk.co.kr/news/business/10943681

유멍(2020). "코로나 19 사태에 대한 중국의 사회보장적 대응 조치: 사회보험과 사회구조 조치를 중심으로". 《국제사회보장리뷰》, 12, 107~114쪽.

전자신문(2020.5.19). "[이슈분석] 포스트 코로나 시대 '공급망관리(SCM)' 부상".
https://www.etnews.com/20200519000189

테크데일리(2021.5.31). "[테크 리포트] 차량용 반도체 대란 (1) 3가지 원인".
https://www.techdaily.co.kr/news/articleView.html?idxno=10358

한국무역협회(2022.2.4). "'반도체대란 지속' … 5개 완성차업체 1월 판매 전년比 11.5%↓".
https://www.kita.net/board/totalTradeNews/totalTradeNewsDetail.do;JSESSIONID_KITA=EF7135DB61FF15D2FF10E66343BDA733.Hyper?no=66987

허대식(2020.11.17). 코로나 19 이후 글로벌 공급망 특징 5S와 7가지 전략… 허대식 교수 제41회 YSB A/S 특강. 연세대학교 경영전문대학원.

KPI뉴스(2022.11.3). "잘 나가던 아이폰, 코로나 19에 발목…공급망 붕괴 위기".
https://www.kpinews.kr/news/print/179549086834364

BCG(2024). How GenAI Reimagines Supply Chain Management.

Deloitte(2020). COVID-19: Managing supply chain risk and disruption.

Koshulko, A.(2023.2.6). 5 Ways AI Can Benefit Demand Forecasting And Inventory Planning. *Forbes*.
https://www.forbes.com/councils/forbestechcouncil/2023/02/06/5-ways-ai-can-benefit-demand-forecasting-and-inventory-planning/

Modgil, S. et al.(2022). AI technologies and their impact on supply chain resilience during COVID-19. *International Journal of Physical Distribution & Logistics Management, 52*(2), pp.130~149.

SAP(2024). What is SCM(supply chain management) and why is it important?
https://www.sap.com/products/scm/what-is-supply-chain-management.html

03
수요 예측과 AI

공급망의 회복 탄력성을 높이고 운영 효율성을 강화하기 위해서는 수요 예측의 정확도 개선이 필수다. AI를 활용하면 다양한 형태의 데이터를 반영하여 수요 예측의 정확도를 크게 향상할 수 있다. 복잡한 수요 예측 모델을 구성하여, 과거에는 고려하지 않았던 수요 시그널까지 수요 예측에 활용할 수 있다.

AI와 난임 극복?

완벽한 수요 예측?

제품을 판매하는 가게를 운영해 본 경험이 있다면 수요 예측이 얼마나 어려운지 잘 알고 있을 것이다. 예를 들어 편의점에서 다음 날 판매될 삼각김밥이나 도시락 개수를 정확히 예측할 수 있을까? 만약 이를 정확하게 예측할 수 있다면 운영자는 필요한 만큼만 상품을 주문하여, 재고 비용을 줄이고 폐기 손실을 방지하여 수익을 극대화할 수 있다. 하지만 과연 제품의 다음 날 수요를 정확하게 예측할 수 있을까? 현실적으로 수요를 완벽하게 예측하는 것은 거의 불가능에 가깝다.

최근에는 판매 채널이 다양해지고 소비자 트렌드가 빠르게 변화하면서 수요 예측이 더욱 어려워지고 있다. 코로나 19, 러시아-우크라이나 전쟁, 미 · 중 무역 갈등과 같은 글로벌 이슈와 정치적 긴장은 수요 예측을 점점 더 복잡하게 만들고 있다(AWS, 2024).

수요 예측은 고객이 원하는 제품의 수요를 과학적 분석을 통해 예측하는 것이다. 이를 통해 기업은 계획을 수립하고, 다양한 의사 결정을 내리는 데 필요한 기초 자료를 확보할 수 있다. 수요 예측을 기반으로 기업은 생산 일정을 조정하고 필요한 원자재와 부품을 주문한다. 정확한 수요 예측은 불필요한 낭비를 줄이고 수익성을 개선하며, 나아가 공급망의 안정성을 높이는 데 기여한다.

그러나 수요 예측은 본질적으로 완벽할 수 없기 때문에 항상 오차가 발생할 수밖에 없다. 어떤 고도화된 기법을 사용하더라도 100% 정확한 예측은 사실상 불가능하다. 특히 제품군 전체에 대한 예측보다 개별 제품에 대한 예측이 더 어렵고, 단기 예측보다 장기 예측의 정확도가 더욱 낮아지게 마련이다(Stevenson, 2020). 하지만 최근에는 AI 기술과 통계적 분석 기법이 결합하면서 수요 예측의 정확도가 점차 향상되고 있다.

널리 사용되는 수요 예측 기법

그렇다면 현재 널리 활용되고 있는 수요 예측 기법은 무엇일까? 수요 예측 기법은 크게 두 가지로 분류된다(문일경 외, 2024). 첫 번째는 정성적 예측 기법으로, 계량적인 데이터 분석보다는 전문가 의견과 직관에 의존한다. 예를 들어 고객에게 제품을 직접 판매하는 영업 전문가나 시장 상황 전문가, 제품 전문가의 의견을 반영하거나 고객에게 직접 구매 의사를 물어본다. 이러한 정성적 분석 방법은 과거 데이터가 충분하지 않은 경우, 특히 신제품 수요 예측에 유용하게 활용된다.

두 번째는 정량적 예측 기법으로, 과거 데이터를 활용

하여 수요를 예측하는 방법이다. 대표적인 정량적 예측 기법으로는 시계열 분석법과 회귀 분석법이 있다(문일경 외, 2024). 시계열 분석법은 과거의 수요 패턴이 미래에도 유사하게 지속되리라고 가정한다. 시계열 분석법에서는 사용 모형과 해당 모형의 파라미터(예: 계숫값)를 결정해야 한다. 회귀 분석법은 수요와 이에 영향을 미치는 다양한 변수 간의 관계를 규명하여, 변수들이 수요에 미치는 효과를 추정해 미래 수요를 예측한다.

현재 널리 사용되는 정량적 예측 기법들은 일정 기간의 과거 데이터를 기반으로 모델을 구축하고, 최적의 파라미터값을 결정한다. 따라서 다음 모형 검토 시까지 모델에 대한 업데이트나 파라미터값 조정이 이루어지지 않는다. 이러한 모델들은 제한된 요인들만을 고려하며, 과거와 확연히 다른 변화가 발생할 경우 모델의 정확도가 감소할 수밖에 없다. 과거에 없던 변화가 발생하면 기존 모델의 파라미터값이 더 이상 유효하지 않게 되며, 이에 따라 예측의 정확도가 크게 저하될 수 있다.

수요 예측을 위한 AI

시스코(Cisco)의 AI/ML 데이터 제품 책임자인 데바브랏 바팟(Devavrat Bapat)은 공급망에서 AI와 머신러닝

(Machine Learning, ML)을 잘 활용할 수 있는 분야 중 하나가 수요 예측이라고 했다(Brans, 2023). 머신러닝과 같은 AI 기술을 활용하면 기존의 데이터뿐만 아니라 고객 리뷰나 소셜 미디어 반응과 같은 비정형 데이터까지 수요 예측에 반영할 수 있다. 또한 광범위한 데이터를 실시간으로 수집하고, 수집된 데이터의 패턴을 지속적으로 분석함으로써 수요 예측 모형에 필요한 변수와 파라미터들을 동적(dynamic)으로 최적화할 수 있다. 메디아빌라 등의 연구(Mediavilla et al., 2022)에 따르면 열 개 이상의 변수를 사용하는 다변량 방법이 수요 예측 정확도를 크게 개선하며, 날씨나 위치와 같은 데이터까지 고려하면 예측 정확도를 더욱 높일 수 있다고 한다.

세계 최대 포장업체 중 하나인 엠코(Amcor)의 수요는 날씨나 환경 변화에 따라 크게 변동한다. 엠코의 정보 관리 책임자(CIO)인 조엘 랜친(Joel Ranchin)은 갑자기 더운 날씨에는 음료 소비가 증가해 음료 패키지에 대한 수요가 늘어나고, 바다에서 갑자기 물고기 개체 수가 증가하면 어획량이 늘어나 해산물 포장 용기 수요가 급증할 것이라고 설명했다(Brans, 2023). 그러나 환경 변화에 따른 수요 변동을 정확하게 예측하는 것은 매우 어려웠다.

이를 개선하기 위해 엠코는 2022년 AI 기반 수요 예측

플랫폼인 이지엠엘(EazyML)을 도입했다. 과거 3년간의 데이터를 학습시켜 수요 패턴을 분석했다. 이를 통해 엠코는 수요 예측의 정확도를 개선하고 운영 효율성을 높이는 성과를 거둘 수 있었다(Brans, 2023).

이마트24는 2023년 사스(Software as a Service, SaaS) 기반 수요 예측 플랫폼인 '스파로스 AI 수요 예측(Spharos AI Forecast)'을 시범적으로 도입했으며, 점차적으로 확대하고 있다(《서울경제》, 2023). 이 플랫폼은 날씨, 상권 등 다양한 변수를 기반으로 광범위한 데이터를 분석하여 상품별 수요를 예측하고, 예측된 수요와 프로모션 계획 등을 반영하여 최적의 판매 가격까지 제시한다(신세계 I&C, 2024). 현재 AI 기반 수요 예측 시스템은 이마트24뿐만 아니라 다른 편의점(《서울경제》, 2023)과 마켓컬리(Kurly)와 같은 유통업체로 빠르게 퍼지고 있다(IT조선, 2022).

현재와 같이 불확실성이 높고 동적인 시장 환경에서는 전통적인 수요 예측 기법의 한계가 명확하다. 전통적인 수요 예측의 정확도를 높이기 위해 AI 기술을 활용하는 것이 점차 보편화되고 있다. 메디아빌라 등(2022)은 2017년부터 2021년까지 수요 예측에 적용된 스물세 개 AI 기법을 분석하여, 딥러닝 기법이 가장 널리 활용되고 있음을 밝혔다. 가장 많이 사용된 모델은 다층 퍼셉트론(Multi-Layer Perceptron, MLP), 장단기 메모리(Long Short-Term Memory, LSTM), 인공 신경망(Artificial Neural Network, ANN)이었다. 이들은 모두 딥러닝 기법에 속하며 수요 예측 정확도를 높이는 데 중요한 역할을 한다. 인공 신경망은 뉴런(Neuron)의 작동 원리를 모방한 머신러닝 모델로, 패턴을 학습하고 예측하는 데 강력한 성능을 발휘한다. 장단기 메모리는 시계열 데이터 및 순차적 정보를 처리하기 위한 순환 신경망(Recurrent Neural Network, RNN)의 한 종류이며, 다층 퍼셉트론은 여러 층으로 구성된 인공 신경망 모델로, 복잡한 패턴을 학습하고 예측하는 데 효과적이다(동아대학교, 2024).

최근 아마존웹서비스(Amazon Web Services, AWS)는 AI를 활용하여 수요 예측을 넘어 수요 감지를 위한 솔루션을 제시했다. 수요 감지는 공급망 내 재고 수준, 고객 반응, 판매 및 생산 데이터와 같은 방대한 데이터를 실시간으로 분석하여 즉각적인 시장 변화를 감지하고 수요를 미리 감지하는 것이다. 아마존웹서비스는 AI 기반 수요 감지 시스템을 통해 수요 변동을 더 빠르게 파악하여 예측의 정확도를 높이고, 고객 만족도를 높일 수 있다고 강조했다(AWS, 2024).

참고문헌

동아대학교(2024). "AI Materials".
https://ai.donga.ac.kr/ai/CMS/Contents/Contents.do?mCode=MN055

문일경 외(2024). 《생산 및 운영관리》, 개정3판. 생능출판사.

서울경제(2023.6.13). "편의점·슈퍼까지… 'AI가 재고관리 척척'".
https://www.sedaily.com/NewsView/29QU9WWXLP

신세계 I&C(2024). "AI".
https://shinsegae-inc.com/business/ai/ai.do

Brans, P.(2023.9.11). "'두 작업에 매우 탁월'… 공급망 관리 분야의 AI는 이미 활약 중". 《CIO Korea》.
https://www.cio.com/article/3504280/

IT조선(2022.3.11). "마켓컬리 식품 폐기율 1% 미만, 비결은 'AI·빅데이터'".
https://it.chosun.com/news/articleView.html?idxno=2022031101274

AWS(2024). AI-Powered Demand-Sensing: Transforming Supply Chain Planning and Forecasting.
https://aws.amazon.com/executive-insights/content/ai-powered-demand-sensing/?nc1=h_ls

EasyML(2024). Newsroom. https://eazyml.com/newsroom

Mediavilla, M. A. et al.(2022). Review and analysis of artificial intelligence methods for demand forecasting in supply chain management. *Procedia CIRP, 107,* pp.1126~1131.

Stevenson, W. J.(2020). *Operations Management,* 14e. McGraw Hill.

04
좋은 공급 파트너 선택을 위한 AI

공급망의 효율성을 높이기 위해서는 좋은 파트너를 선택하는 것이 필요하다. 기업은 AI를 활용하여 다양한 형태의 데이터를 분석함으로써 최적 공급자 선별의 정확도를 높일 수 있다. 또한 파트너 선별 및 거래 처리 과정을 간소화하여 시간과 비용을 절약할 수 있다. 나아가 실시간 모니터링을 통해 파트너십 유지 과정에서 발생할 수 있는 리스크도 효과적으로 관리할 수 있다.

AI와 사주?

공급망 파트너

혹시 '장인 시스템'이라는 말을 들어 봤는가? 1차 산업 혁명 이전의 생산 방식으로, 숙련된 작업자가 수작업으로 제품을 제작하는 것을 의미한다. 이 시스템에서는 개별 장인이 공급망 작업의 대부분을 직접 담당했다. 직접 원자재를 조달하거나 생산하였으며 유통 및 판매, 고객 서비스 등을 직접 수행하기도 했다.

장인 시스템에서는 생산 속도가 매우 늦고 높은 생산 비용을 지불해야 했다(문일경 외, 2024). 하지만 현대 사회에서 대량 생산 시스템이 등장하면서 한 명의 작업자가 모든 작업을 수행하기란 매우 어려워졌다. 생산 공정이 세분화됨에 따라 기업들은 원자재 조달, 부품 생산, 유통 등 공급망의 각 단계를 담당하는 다양한 파트너와 협력하게 되었다. 효율적인 공급망 운영을 위해서는 함께 공급망 전체의 이익을 높여 줄 좋은 파트너, 특히 좋은 공급자(supplier)를 선택하고 파트너십을 구축하는 일이 매우 중요해졌다.

공급망을 효과적으로 운영하기 위해서 어떤 공급자가 좋을까? 기업이 양질의 핵심 원자재나 부품을 제때 공급받기 위해서는 우수한 품질의 제품을 합리적인 가격에 제공할 수 있는 공급자를 선택하는 것이 중요하다. 전통적인 공급망 관리 이론에 따르면 기업은 다양한 공급업체 후보군 중에서 CEO의 의지와 역량, 제공하는 제품의 가격 및 품질, 납기 준수 여부, 유연성, 기술 수준, 상호 신뢰도 등을 고려해서 좋은 공급자를 선택해야 한다(Wisner et al., 2020). 최적의 공급자를 선정한 후에는 이들과 파트너십을 구축하는 것이 중요하다. 장기간 협력 관계를 통해 서로 간의 비전과 성과를 공유하고, 상호 이익을 극대화하기 위해 함께 노력하는 것이 필요하다.

좋은 파트너 선택을 위한 AI 활용

기존의 공급자 선택 모델이 갖는 한계점은 무엇일까? 먼저 기존 모델은 과거의 공급자 성과 데이터, 예를 들어 가격, 품질, 납기율, 리드 타임(lead time) 등 한정된 요소에 대한 데이터를 기반으로 평가가 이루어진다. 따라서 새로운 평가 요소가 등장하거나 시장 환경이 급변할 경우 이를 반영하기가 쉽지 않다. 특히 코로나 19와 같은 예상하지 못했던 상황이 발생하면 이에 효과적으로 대응하기 어렵다. 이는 기존 공급자 평가 방식이 일정 기간의 과거 데이터를 기반으로 이루어지기 때문이다. 즉, 공급자 선택이 한번 이루어지면, 재평가를 수행하지 않는 이상 변화하는 시장 상황이나 새로운 데이터가 반영되지 않기 때문에 의사 결정이 굳어지게 된다.

또한 기존 공급자 선택 모델은 정성적 요소, 예를 들어 공급업체 CEO의 의지, 기업 간 상호 신뢰도 등을 평가할 때 주관적인 판단에 의존하는 경향이 크다. 따라서 평가자의 경험이나 직관에 따라 결과가 달라질 수 있으며, 객관적이고 일관된 평가가 어렵다는 한계점이 있다.

AI 기술의 도입은 이를 극복하는 데 중요한 역할을 한다. 기업들은 AI를 활용하여 공급업체 후보들의 다양한 데이터를 분석하여 최적의 공급업체를 선정할 수 있다. 특히 대규모 언어 모델인 LLM을 활용하면 뉴스, 고객 리뷰 등의 텍스트 데이터까지 효과적으로 분석할 수 있다. 다양한 출처에서 데이터를 수집하고 학습하여 원하는 기준에 따라 수백, 수천 개의 공급업체 후보 중 적절한 몇 개만을 선별할 수 있다(Mandal, 2025).

또한 분석 AI 도구를 활용하면 공급업체 선정을 위한 복잡한 수학적 모델을 보다 쉽게 적용할 수 있다. 다양한 공급업체 평가 기준을 고려하여 공급업체 우선순위를 결정하는 과정은 복잡한 수학적 모델링을 요구한다. 기업들은 AI 도구를 활용하여 복잡한 평가 모델의 변수와 파라미터를 동적으로 조정하고, 분석 속도를 향상할 수 있다. 맥킨지(McKinsey)에 따르면 기존의 공급업체 선정 프로세스는 평균 3개월이 소요된다. 만약 기업이 베리디온(Veridion)과 같은 AI 소프트웨어를 활용하면 공급업체 선정 프로세스를 단 몇 시간 정도로 단축할 수 있다(Tanase, 2024).

AI 기술은 단순히 공급업체 선정뿐만 아니라 공급업체를 비롯한 파트너와의 관계 유지에도 기여한다. AI를 활용하여 파트너에 대한 실시간 모니터링을 실시함으로써 파트너십 유지 과정에서 발생할 수 있는 리스크 요인을 추적하고, 위협에 대해 사전 대응할 수 있다(GEP, 2024). 기업들은 실시간 데이터를 기반으로 공급업체들을 지속적으로 평가하며 신속하게 시장 변화에 대응할 수 있게 된다. 예를 들어 머신러닝 모델을 활용하면 가격 변동이나 시장 상황 변화와 관련된 데이터를 빠르게 분석하여, 공급자와의 파트너십에 위협이 되는 요소를 조기에 파악하고 해결책을 모색할 수 있다. 또한 AI 기반 예측 분석을 통해 공급망 리스크를 사전에 감지하고 이에 대한 최적의 해결책을 제안받을 수도 있다.

기업들은 AI 기술을 도입하여 공급업체 식별부터 관계 관리, 기업 간 거래 처리 과정까지 자동화할 수 있다. 자동화된 프로세스를 구축하여 구매 팀이 반복적인 수작업에서 벗어나 보다 전략적인 업무에 집중하도록 지원할 수 있다(Ipswich, 2024). 자동화된 프로세스는 위기 상황에서도 신속한 대응을 가능하게 하여 공급망의 회복 탄력성을 강화하는 데도 기여할 것이다.

그뿐만 아니라 AI 챗봇을 이용하여 조달 업무에서의 의사소통과 업무 처리를 자동화, 간소화하여 비용 절감 효과를 기대할 수 있다(GEP, 2024). AI 챗봇을 활용하면 여러 공급업체와의 협상을 동시에 진행할 수 있어 기업의 운영 효율성을 크게 향상할 수 있다(Tanase, 2024).

대표적인 AI 챗봇 활용 사례로 월마트(Walmart)를 들 수 있다. 10만 개 이상의 공급업체를 보유하고 있던 월마트는 모든 업체와 개별 협상을 진행하는 것이 사실상 불가능했다. 따라서 많은 공급업체와는 표준 계약 조건을 기반으로 별도의 협상 없이 계약을 체결해 왔는데, 보다 효율적인 협상을 위해 AI 기반 자동 협상 소프트웨어를 도입했다. 캐나다에서 진행된 파일럿 테스트(pilot test) 결과, AI 챗봇은 68%의 공급업체와 협상을 성공적으로 수행했으며 약 3%의 비용 절감 효과를 달성했다. 2022년 이 기술은 미국, 칠레, 남아프리카 공화국 등 3개국 월마트 지점으로 확장되었다(Van Hoek et al., 2022).

참고문헌

문일경 외(2024). 《생산 및 운영관리》, 개정3판. 생능출판사.

GEP(2024.3.22). 5 Ways AI can optimize your supplier strategy. https://www.gep.com/blog/technology/5-ways-ai-can-optimize-your-supplier-strategy

Ipswich, A.(2024). Transforming IT Procurement: How AI is Revolutionizing Supplier Selection, Spend Optimization, and Risk Management. Traction Technology. https://www.tractiontechnology.com/blog/transforming-it-procurement-how-ai-is-revolutionizing-supplier-selection-spend-optimization-and-risk-management

Koshulko, A.(2023.2.6). 5 Ways AI Can Benefit Demand Forecasting And Inventory Planning. *Forbes*. https://www.forbes.com/councils/forbestechcouncil/2023/02/06/5-ways-ai-can-benefit-demand-forecasting-and-inventory-planning/

Mandal, J.(2025.1.22). Leveraging AI/ML In Supplier Selection: A Comprehensive Approach. *Forbes*.

Tanase, A.(2024.10.28). How Can AI Help With Supplier Selection? Veridion. https://veridion.com/blog-posts/how-ai-helps-supplier-selection/

Van Hoek, R. et al.(2022.11.8). How Walmart Automated Supplier Negotiations. *Harvard Business Review*.

Wisner, J. D. et al.(2020). *Principles of Supply Chain Management: A Balanced Approach*, 5e. CENGAGE.

05
AI를 활용한 재고 관리

전통적으로 재고 관리는 공급망 관리에서 가장 큰 과제이자 도전이었다. AI 기술을 활용하면 재고 관리의 효율성을 크게 개선하고 운영 비용을 절감할 수 있다. 딥러닝 기반의 방대한 데이터 분석을 통해 최적의 재고 주문량을 자동으로 발주하는 시스템을 구축할 수 있다. 또한 매장에서 고객의 움직임을 실시간으로 분석하여 재고 수준을 정확하게 추적하고 즉각적인 보충이 가능하게 된다.

AI와 아이돌?

AI가 재고를 관리한다고?

혹시 아마존 고(Amazon Go) 매장을 알고 있는가? 아마존 고는 미국 최대 유통업체인 아마존에서 운영하는 완전 무인화 오프라인 매장이다. 이곳에는 계산을 위한 직원이나 셀프 계산대가 존재하지 않는다. 고객이 아마존 고 앱(app)을 켜고 매장에 들어서면 시스템이 자동으로 어떤 고객인지 파악한다. 고객이 원하는 물건을 집어 매장을 나가면 자동으로 재고가 조정되고, 아마존 계정에 등록된 결제 수단을 통해 결제가 이루어진다(AI트랜스포메이션, 2024).

AI를 활용한 재고 관리 시스템은 많은 기업에서 빠르게 도입되고 있다. BGF리테일은 2023년 편의점 CU에 AI가 자동으로 재고를 관리하는 '스마트 발주 2.0 시스템'을 도입했다. 이 시스템은 일일 판매량 변동과 계절적 요인을 딥러닝 기법으로 학습하여 최적의 발주량을 예측한다. 이를 통해 주문 시간을 단축하고 재고량을 최적화할 수 있다(《서울경제》, 2023). GS25 역시 AI 기반 재고 관리 시스템을 도입했다. 기존의 '프레시푸드(FF) 자동 발주' 시스템은 일평균 판매량과 계절성을 고려해 자동 발주하는 방식이었지만, AI 기술을 접목함으로써 더욱 정교한 데이터 분석과 패턴 인식을 통해 적정 재고량을 산출할 수 있도록 개선되었다(《서울경제》, 2023). AI 기반 재고 관리 시스템은 광범위한 데이터를 분석하여 최적의 재고량을 제안함으로써 과잉 재고나 재고 부족 문제를 최소화할 수 있다. 기업은 불필요한 비용을 절감하고 고객 만족도를 높일 수 있다.

재고를 매번 세야 하나?

전통적으로 재고 관리는 제조 기업들의 큰 도전 과제였다. 기업들은 불확실한 수요 변동과 공급망 리스크에 대비하기 위해 재고를 보유한다. 예를 들어 갑자기 수요가 증가할 수 있기 때문에 완제품의 재고를 유지하며, 원자재나 부품 배송이 지연될 가능성에 대비해 부품 재고를 확보한다. 생산 과정에서도 전체 생산 속도를 결정하는 병목 공정(생산 속도가 가장 느려 전체 생산량을 제한하는 공정을 의미한다)을 안정적으로 운영하기 위해 병목 공정 앞에 운영 중 재고(Work In Process, WIP)를 쌓아두는 것이 일반적이다.

그러나 과도한 재고는 공급망의 비효율성을 나타내는 징후이며 불필요한 비용 증가를 초래한다. 재고 보유 비용이 증가하면서 기업의 재무 성과에도 부정적 영향을 미칠 가능성이 크다(Wisner et al., 2020). 반면 재고가 부족하면 또 다른 문제가 발생한다. 병목 공정에서 설비가 100% 가동되지 않아 전체 제조 프로세스 성과를 저해할 수 있으며, 매장에서 제품이 부족하면 고객이 원하는 시점에 구매하지 못해 경쟁 업체로 이탈하거나 브랜드 이미지가 손상될 위험이 있다.

RFID(Radio Frequency Identification)와 IT 기술의 발전으로 재고 수량 파악이 과거보다 훨씬 용이해졌지만, 여전히 전산 시스템상 재고와 실제 재고 간 차이가 발생할 가능성이 있다. 이 때문에 많은 기업들은 주기적으로 재고 조사를 실시하며 제품의 중요도에 따라 관리 수준을 결정한다. 대표적으로 ABC 재고 관리 시스템이 있는데, 제품을 A, B, C 세 그룹으로 분류하여 중요도가 높은 제품의 재고를 더욱 빈번하게 점검하는 방식이다(Wisner et al., 2020).

최적의 재고 주문량이나 주문 시점 결정은 매우 복잡한 의사 결정이다. 기존 공급망 관리에서는 경제적 주문량(Economic Ordering Quantity, EOQ) 모형이나 수량 할인 모형, 경제적 생산량 모형, 뉴스벤더(Newsvendor) 모형, 확률적 재주문점 모형 등 다양한 수학적 모델을 활용했다. 그러나 대부분의 모델은 과거 데이터를 기반으로 성립하며 특정한 가정하에서만 최적의 솔루션을 제공한다. 급변하는 시장 환경과 공급망 변동성을 고려할 때 보다 정교한 예측 및 최적화 방법이 요구되고 있다.

AI가 어떻게 재고를 관리하지?

AI 기반 재고 관리란 인공지능 기술을 활용하여 재고 관리 프로세스를 최적화하고 자동화하는 것을 의미한다(Rogers & Jonker, 2024). 아마존 고 매장에서 고객들은 점원과의 상호 작용 없이 자유롭게 제품을 선택하고 선택한 제품을 다시 내려놓기도 하며, 결제 없이 매장을 떠날 수 있다. 이러한 시스템은 저스트 워크 아웃(Just Walk Out) 기술을 기반으로 구현되며, 저스트 워크 아웃은 AI, 센서, 컴퓨터 비전, RFID 등을 복합적으로 활용하여 구현된다(AWS, 2024). AI 기반의 매장 운영 시스템을 도입한 아마존 고의 운영 모델은 공급망 및 재고 관리 방식의 혁신적인 사례다(Wikipedia, 2024).

또한 아마존 고 매장에서는 컴퓨터 비전 기술을 통해 매장 내 여러 개의 카메라가 고객의 움직임을 추적한다. 고객이 특정 상품을 집으면 AI 시스템이 어떤 고객이 어떤 제품을 선택했는지 판단한다. 이때 가상 장바구니에 제품이 추가되고, 다시 제품을 내려놓으면 장바구니에서 제거된다. 제품의 형태, 색상, 크기 등을 분석하여 어떤 제품인지 인식하고, 고객의 외형을 기반으로 특정 고객을 식별하는 과정에는 머신러닝과 같은 AI 기술이 활용된다.

물론 이 과정이 AI 기술 단독으로 이루어지는 것은 아니며 센서 기술과의 상호 작용을 통해 운영된다. 예를 들어 크기가 작은 껌이나 립스틱처럼 카메라로 정확하게 인식하기 어려운 제품은 선반에 부착된 무게 센서가 작동하여 AI 분석 결과와 결합해 결제 정보를 생성한다(Amazon, 2023).

또한 아마존 고에서는 AI 기반 실시간 재고 관리가 수행된다. 고객이 선반에서 상품을 집으면 AI가 이를 자동으로 감지하고 재고 시스템을 실시간으로 업데이트한다(ZUM 뉴스, 2016). 이러한 실시간 재고 추적을 통해 매장의 재고 운영 정확도를 높이고, 관련 비용을 절감할 수 있다. 또한 입체 카메라가 장착된 로봇이 매장을 이동하며 실시간으로 재고를 점검하는 기술도 연구되고 있다(Korolov, 2018).

국내에도 AI를 활용한 재고 관리가 점차 보편화되고 있다. BGF리테일의 스마트 발주 시스템은 요일, 계절, 이벤트 등 다양한 변수를 딥러닝을 활용해 분석하고 적정 발주량을 산출하여 자동으로 주문한다(《신아일보》,

2023). 딥러닝을 기반으로 방대한 데이터를 학습하며, 적절한 발주 시점과 발주량 계산을 위해 실시간 데이터를 수집하여 결과를 업데이트한다(김창환 외, 2021). 기존의 EOQ나 뉴스벤더 모델과 같은 재고 모형은 과거 데이터를 기반으로 고정된 입력값을 사용하여 주문량을 결정했다. 이에 비해 AI 기반 시스템은 동적인 접근 방식을 취한다. 소셜 미디어 정보, 날씨 변화, 프로모션 행사 등의 데이터를 실시간으로 분석하여 입력값을 조정한다. 더 나아가 수요의 확률 분포와 같은 모델의 기본 가정도 실시간 데이터 분석을 통해 조정한다. 이처럼 AI 기반 시스템을 도입하면 기업은 더욱 정밀하게 최적 주문량을 결정하여 재고 비용을 절감하고, 정확한 의사 결정을 내릴 수 있다(Rogers & Jonker, 2024).

일반적으로 재고 관리는 공급업체의 리드 타임에 크게 의존한다. 최근 공급망 불안전성이 증가하면서 리드 타임 변동성이 커지고 있다. 만약 과거 30일이었던 리드 타임이 갑자기 60일 이상으로 증가한다면 기업의 재고 운영에 심각한 타격이 발생한다. AI 도구는 다양한 변수를 고려하여 리드 타임 변화를 선제적으로 예측하고, 이에 맞춰 최적의 주문 계획을 조정하는 데에도 기여한다(Koshulko, 2023). 즉, AI를 활용하여 리드 타임 변동 리스크를 효과적으로 관리하고 재고 운영의 효율성을 높일 수 있다.

또한 AI는 IoT 기술과 결합하여 공급망 내 재고 위치와 수량을 실시간으로 추적하는 데 도움을 줄 것이다. IoT 센서를 통해 물류 창고, 매장, 유통 과정에서 재고 이동을 파악할 수 있으며, 실시간으로 의미 있는 인사이트를 제공해 줄 것이다(Rogers & Jonker, 2024). 특히 AI는 재고 흐름에서 이상 현상을 감지하거나, 과거와는 다른 재고 흐름 패턴이 발생하는 경우 이를 신속하게 파악하여 대응할 수 있도록 지원한다.

참고문헌

김창환 외(2021). "인공지능 기반 효율적인 자동 발주 솔루션 설계". 《한국컴퓨터정보학회 학술발표논문집》, 29(2), 559~560쪽.

서울경제(2023.6.13). "편의점·슈퍼까지… 'AI가 재고관리 척척'". https://www.sedaily.com/NewsView/29QU9WWXLP

신아일보(2023.6.11). "CU, '스마트 발주 2.0' 도입…점주 재량 확대". http://www.shinailbo.co.kr/news/articleView.html?idxno=1707921

AI트랜스포메이션(2024). "아마존고(AMAZON GO)는 어떤 기술이 적용되었나?" https://digitaltransformation.co.kr/%EC%95%84%EB%A7%88%EC%A1%B4%EA%B3%A0amazon-go%EB%8A%94-%EC%96%B4%EB%96%A4-%EA%B8%B0%EC%88%A

0%EC%9D%B4-%EC%A0%81%EC%9A%A9%EB%90%9
8%EC%97%88%EB%82%98/?utm_source=chatgpt.com

Korolov, M.(2018.5.8). "AI 기술이 제시하는 또 하나의 가능성… '스마트 공급망'". 《CIO Korea》.

ZUM 뉴스(2016.12.18). "계산대 없는 매장 '아마존 고'… 카메라 센서와 인공지능이 핵심".
https://news.zum.com/articles/34928757

Amazon(2023). How generative AI helps Amazon eliminate checkout lines and revolutionize the shopping experience.
https://www.aboutamazon.com/news/retail/how-does-amazon-just-walk-out-work

AWS(2024). Amazon Just Walk Out.
https://aws.amazon.com/ko/just-walk-out/

Koshulko, A(2023.2.6). 5 Ways AI Can Benefit Demand Forecasting And Inventory Planning. *Forbes.*
https://www.forbes.com/councils/forbestechcouncil/2023/02/06/5-ways-ai-can-benefit-demand-forecasting-and-inventory-planning/

Rogers, J. & Jonker, A.(2024.11.7). What is AI inventory management? IBM.
https://www.ibm.com/think/topics/ai-inventory-management

Wikipedia(2024). Amazon Go.
https://en.wikipedia.org/wiki/Amazon_Go

Wisner, J. D. et al.(2020). *Principles of Supply Chain Management: A Balanced Approach*, 5e. CENGAGE.

06
AI가 수행하는 품질 관리

대형 마트를 방문하면 AI가 선별한 과일을 구매할 수 있다. AI 기술은 육안으로 구별하기 어려운 결함까지 감지하여 정상 제품을 선별한다. AI를 활용한 품질 검사는 유통업뿐 아니라 다양한 제조 현장에서 널리 활용되고 있다. AI는 품질 검사뿐 아니라 불량 제품의 발생 추이를 모니터링할 수 있는 공정 관리에도 도입되고 있다.

AI와 야구?

AI가 좋은 과일을 골라 준다고?

추석 차례 상을 준비하기 위해 롯데마트를 방문하던 중 흥미로운 광고를 발견했다. AI가 선별한 사과라는 문구가 적힌 광고였다. 롯데마트는 AI가 선별한 과일을 지속적으로 판매하고 있었다. 멜론, 천도복숭아, 사과, 수박 등 다양한 과일을 AI 시스템으로 선별하여 고객에게 제공하고 있었다(《시사저널》, 2024). 이를 통해 판매 과일의 품질을 향상하고, 고객 만족도를 높이는 효과를 기대하고 있었다.

뿐만 아니라 롯데마트는 딥러닝 기반의 AI 장비를 활용하여 신선 식품 품질 관리를 강화하고 있다. 예를 들어, 삼겹살의 단면을 분석해 지방 함량이 높은 삼겹살을 선별하는 AI 시스템을 도입하여 신선육의 품질을 보다 정밀하게 관리하고 있다(《전자신문》, 2024).

AI 기반 품질 검사 기술은 제조업에서도 적극적으로 활용된다. 예를 들어 자동차 부품의 품질 관리를 위해 AI 기반 이미지 인식 기술을 활용한다. 과거에는 검사원이 수작업으로 균열을 탐지하였으나, 현재는 AI가 이미지 분석을 통해 균열을 자동으로 탐지하는 시스템을 적용해 검사 속도와 정확도를 크게 향상했다(K-SMARTFACTORY, 2023). 또한 AI 기반 비전 시스템을 도입하여 제품 이미

지나 동영상을 실시간으로 분석하고, 긁힘이나 찌그러짐과 같은 결함을 자동으로 감지할 수 있는 시스템도 개발되었다(헬로T, 2024). AI 기술을 도입하여 검사 인력을 줄이면서도 제품 품질을 더욱 정밀하게 관리할 수 있는 환경이 조성되고 있다.

현재의 품질 관리 기법

정상 제품인지 판단하기 위해 제품의 주요 특성(길이, 무게, 색상 등)에 대한 허용 범위(tolerance)를 설정하고, 이 범위를 벗어나는 경우 해당 제품을 불량으로 처리한다. 하지만 단순히 개별 제품의 불량 여부를 판단하는 것만으로는 충분하지 않다. 따라서 생산 공정에서 불량 발생이 증가하는 추세인지, 프로세스나 설비에 문제가 있는지에 대해 지속적으로 모니터링하는 것이 중요하다. 이를 위해 통계적 공정 관리(Statistical Process Control, SPC)와 품질 관리도(Quality Control Chart)가 널리 활용된다.

품질 관리도는 측정되는 데이터 종류에 따라 변량 데이터를 위한 관리도(Control Charts for Variables)와 속성 데이터를 위한 관리도(Control Charts for Attributes)로 구분된다(Evans & Lindsay, 2010). 일반적으로 품질 관리도에서는 표본을 수집하여 이들의 품질 특성(예: 크기, 무게, 강도 등)의 평균값과 변동(분산)이 허용 범위 내에 있는지 분석한다. 또는 표본 데이터에서 불량품의 개수나 비율이 허용 범위 내에 있는지를 분석하기도 한다. 분석을 통해 프로세스 변동이 단순히 무작위적 요인에 의한 것인지, 아니면 설비 결함이나 공정 문제와 같은 시스템적 요인에 의한 것인지 판단하게 된다. 품질 관리도를 활용하면 현재 제품 생산 프로세스가 허용 기준을 충족하는 제품을 지속적으로 생산할 수 있는지 여부를 평가할 수 있으며, 이상값(outlier)이나 불량이 발생할 조짐을 신속하게 감지하여 조치할 수 있도록 도와준다.

AI를 활용한 품질 관리

브랜스(Brans, 2023)는 AI가 공급망 관리에서 가장 큰 강점을 발휘할 수 있는 분야 중 하나가 검사(Inspection)라고 강조했다. 앞서 살펴본 롯데마트 사례에서 AI 시스템이 제품의 품질 요건 충족 여부를 검사했다. AI 선별 시스템은 광학적 특성을 이용해 과일의 당도를 검사하는 기존의 비파괴 당도 선별 방식에 딥러닝 기술을 접목했다(《시사저널》, 2024). AI 선별 시스템은 빠르게 이동하는 과일을 고속 촬영하여 결함이 있는 과일을 찾아내고, 정상 과일과 결함 과일의 차이를 지속적으로 학습한다. 과거에는 전문가가 제품 검사에 중요한 특징을 결정하고 이를 바탕으로 정상 제품인지를 판단할 수 있는 규칙을 설정했다. 하지만 이러한 방식은 정상 제품과 결함 제품의 차이가 미세한 상황에서는 문제를 일으킬 수 있다. AI는 전문가가 정한 규칙 외에도 자체적으로 중요한 특징을 학습하고, 정상 품질을 결정하는 규칙을 생성할 수 있기 때문에 이러한 한계점을 극복할 수 있다. AI 기반 시스템을 통해 색상, 크기, 흠집 등 결함 요소를 정밀하게 검사하는 것은 물론 병충해 감염 여부, 기형 여부와 같은 요소까지도 정밀하게 판별할 수 있다(머니투데이, 2024).

글로벌 반도체 기업인 인텔(Intel)의 CTO 그렉 라벤더(Greg Lavender)는 "AI를 활용하여 적합한 고품질 칩(chip)을 선택할 수 있으며, 이를 통해 칩을 훨씬 더 빠르게 생산하고 더 나은 품질로 시장에 출시할 수 있다"고 했다(Brans, 2023). 기존 인텔의 웨이퍼(wafer) 공장에서는 수율(정상품 비율) 분석 엔지니어들이 직접 웨이퍼를 검사하며 불량 칩 개수를 파악하고, 불량 패턴을 분석하여 문제 발생 공정을 유추했다. 하지만 이러한 수작업 방식은 엔지니어의 경험과 인력 수 제한으로 인해 분석의 일관성과 효율성에 한계를 보였다.

문제를 해결하기 위해 인텔은 머신러닝과 딥러닝, 이미지 처리(image processing) 기술을 결합한 자동화된 패턴 인식 시스템을 도입했다. AI 모델은 웨이퍼에서 수율에 영향을 미치는 대규모 결함 영역(Gross Failure Area, GFA)을 자동으로 식별하고, 이를 학습하여 결함 패턴을 분석한다. 이를 통해 기존의 패턴을 감지하는 것은 물론, 새로운 결함 유형을 규명하거나 근본 원인 분석을 지원하여 품질 향상에 기여한다(Kalvari et al., 2021).

과거 수작업 방식에서는 일부 표본 제품에 대해서만 품질 검사가 이루어졌지만, AI 기반 분석을 활용하면 상대적으로 적은 노력으로 모든 제품에 대한 품질 검사가 가능하다. 또한 엔지니어 개인의 경험에 따라 검사 결과가 달라지는 문제도 AI 도입을 통해 해결할 수 있다(Kalvari et al., 2021).

AI는 센서 데이터, 이미지, 음성 등 다양한 형태의 데이터를 수집하고 분석할 수 있다. 제품의 시각적 결함을 감지할 뿐 아니라 온도, 진동, 압력 등과 같은 요소를 실시간 모니터링하여 품질 문제를 조기에 파악할 수 있다. 이를 바탕으로 잠재적인 문제나 불량 발생 원인도 신속하게 감지하여 생산 프로세스 안정화에 기여한다(SK

C&C, 2024).

만약 기업이 통계적 공정 관리와 공정 관리도를 활용하여 제조 공정을 관리한다면, AI 알고리즘 도입을 통해 이를 발전시킬 수 있다. AI 시스템은 제품 품질과 관련된 빅데이터를 분석하여 생산 공정의 추세와 패턴을 파악하고, 잠재적인 품질 문제를 사전에 예측하여 사용자에게 사전 경고할 수 있다(헬로T, 2024). AI는 단순한 품질 검사 도구를 넘어 생산 공정의 성능을 평가하고, 품질 개선을 위한 불량 재발 방지책을 제안할 수도 있다(K-SMARTFACTORY, 2023).

또한 AI 기술은 IoT 및 센서 기술과 결합하여 장비의 오작동이나 고장을 사전에 예측할 수 있다(SK C&C, 2024). AI가 장비의 이상 징후를 감지하고, 필요한 경우 사전 유지 보수 실행을 권하게 된다. 작업자는 사전 유지 보수를 통해 생산 설비의 다운타임(downtime)을 최소화하고 불량 발생 가능성을 최소화한다(헬로T, 2024). 이처럼 AI를 활용한 유지 보수 시스템은 제조업 전반에서 생산성과 품질을 향상하는 기술로 주목받고 있다.

참고문헌

머니투데이(2024.7.17). "롯데마트슈퍼, 국내 최초 AI 선별 아삭

복숭아 출시”.
https://news.mt.co.kr/mtview.php?no=2024071709254042889
시사저널(2024.4.23). “삼겹살도 수박도 제일 잘 고르는 이 직원… 롯데마트서 ‘AI’가 하는 일”.
https://www.sisajournal.com/news/articleView.html?idxno=288978
전자신문(2024.2.25). “롯데마트, AI 장비로 ‘황금비율’ 삼겹살 선별해 판다”. https://m.etnews.com/20240225000025
헬로T(2024.4.10). “제조 품질 관리 강화를 위해 AI 활용은 필수다”.
https://www.hellot.net/news/article.html?no=88850
Brans, P.(2023.9.11). “‘두 작업에 매우 탁월’… 공급망 관리 분야의 AI는 이미 활약 중”. 《CIO Korea》.
https://www.cio.com/article/3504280/
K-SMARTFACTORY(2023.6.12). “인공지능(AI)을 활용한 품질관리”.
http://www.k-smartfactory.org/index.php/information/ai/board_view?message_id=5452
SK C&C(2024). “품질 모니터링 및 시스템 자동화”.
https://www.skcc.co.kr/generative-ai/quality-monitoring
Evans, J. R. & Lindsay, W. M.(2010). *Managing for quality and performance excellence*. Delmar Learning.
Kalvari, N. et al.(2021). IT@Intel: Transforming Manufacturing Yield Analysis with AI. Intel.

07
더 빠른 배송을 위한 AI

AI를 활용하여 실시간 데이터를 기반으로 배송 최적 경로를 분석할 수 있다. 또한 정확한 수요 예측을 통해 고객과 가까운 위치에 상품을 사전 배치해 배송 시간을 단축할 수 있다. 뿐만 아니라 창고 내 상품 진열 방식과 상품 적재 과정에도 AI를 활용하여 물류 프로세스를 더욱 효과적으로 관리할 수 있다.

AI와 윤동주?

가속화되는 배송 전쟁

코로나 19를 거치면서 비대면 수요가 급격히 증가했다. 이에 따라 고객이 구매한 상품을 짧은 시간 내에 배송하는 퀵 커머스(Quick Commerce)가 새로운 표준으로 자리 잡았다. 가장 먼저 퀵 커머스 전략을 도입한 기업은 쿠팡이다. 2014년 시작된 쿠팡의 로켓 배송 서비스는 시간이 흐를수록 더욱 빨라지고 있으며, 배송 지역 또한 확대되고 있다. 최근에는 오늘 밤 11시 이전에 주문하면 다음 날 아침까지 제품을 배송해 주는 새벽 배송 서비스가 일반화되고 있다. 쿠팡의 로켓프레시, 컬리의 샛별배송, SSG 닷컴 등에서 새벽 배송 서비스를 제공하고 있다. 더 나아가 11번가에서는 토요일과 일요일 오전 11시 이전에 구매한 제품을 당일 배송하는 슈팅 배송 서비스를 도입했다(《물류신문》, 2025). 퀵 커머스 경쟁은 점차 격화되고 있다.

기업 운영 환경과 시장이 변화함에 따라 배송 속도를 핵심 경쟁 전략으로 삼는 기업들이 많아지고 있다. 이제는 유통업체뿐만 아니라 일반 기업들도 B2B(Business to Business, 기업 간 거래) 배송에서 배송 시간 단축을 주요 전략으로 내세우고 있다. 배송 시간이 단축되면 고객이나 구매자의 수요 변화에 빠르게 대응할 수 있으며,

과도한 재고 보유 부담을 줄일 수 있어 기업의 수익성 강화와 공급망 운영 효율성 개선에 기여하게 된다(De Treville et al., 2004). 또한 예상치 못한 위기 발생 시, 신속한 대응이 가능해져 공급망 회복 탄력성 강화에도 긍정적인 영향을 미친다.

하지만 과도한 배송 시간 단축은 보관 창고와 물류 인프라에 대한 지나친 투자와 인건비 부담을 초래할 가능성이 있다. 이로 인해 오히려 기업 수익성이 악화될 위험도 있다. 실제로 롯데온, GS리테일, 티몬 등 일부 기업에서는 고비용 대비 낮은 효율성을 이유로 새벽 배송 서비스를 중단했다(《서울파이낸스》, 2024). 배송 시간 단축을 위해서는 적지 않은 규모의 투자가 필요하기 때문에, 특히 중소 규모의 기업들에게는 배송 시간 단축이 쉽지 않은 현실이다.

배송 시간 단축 전략

전통적으로 배송 시간을 단축하기 위해 다양한 전략들이 사용되었다. 먼저 고객과 가까운 위치에 완제품 보관 창고나 물류 센터를 배치해 시장과의 물리적 거리를 최소화하여 배송 속도를 향상할 수 있다. 또한 소수의 대형 보관 시설을 운영하는 대신, 여러 개의 분산형 보관 시설을 활용하면 신속한 배송이 가능하며 고객 서비스 수준도 함께 높일 수 있다(Wisner et al., 2020).

고객 수요를 정확히 예측하여 필요한 제품을 미리 확보하는 것도 배송 속도 단축의 핵심 전략 중 하나다. 미래 수요를 정확히 예측하면 이에 맞춰 적정 재고 수준을 유지할 수 있어 필요한 제품을 사전에 확보할 가능성이 높아진다. 고객이 원하는 제품을 창고에 미리 보관하고, 주문 즉시 출고가 가능해져 배송 지연을 방지할 수 있다. 이를 통해 기업들은 불확실성을 최소화하고 회복 탄력성이 높은 공급망을 구축할 수 있다(De Treville et al., 2004).

적합한 운송 수단의 사용과 최적화된 배송 네트워크 구축도 효과적이다. 트럭, 항공, 해상 운송 등 다양한 배송 옵션을 검토하고 최적의 운반 경로를 설계하면, 저렴한 비용으로도 신속하고 안정적인 고객 대응이 가능해진다(Chopra & Meindl, 2007). 또한 제3자 물류(Third Party Logistics, 3PL) 서비스를 활용하여 합리적인 비용으로 빠른 배송을 실현할 수 있다(Wisner et al., 2020). 제3자 물류란 물류 전반을 특정 물류업체에 위탁하는 것으로, 물류 기업의 전문성을 활용하여 비용을 절감하고 물류 효율성을 높일 수 있다(네이버 지식백과, 2024).

이처럼 기업들은 배송 시간 단축을 위한 다양한 방안을 지속적으로 모색해 왔다. 최근 기업들은 배송 시간 단축과 배송 효율성 극대화를 위해 AI 기술을 적극적으로 도입하고 있다. AI는 배송 및 물류 산업 전반에 걸쳐 혁신을 이끌고 있다. AI 기술을 적극적으로 활용하면 기존의 배송 네트워크를 보완하여 보다 효과적인 배송을 제공할 수 있으며, 배송 시간 단축에 크게 기여할 것으로 기대된다.

AI는 어떻게 배송 시간을 단축시킬까?

그렇다면 AI 기술은 어떻게 배송 시간을 단축시킬 수 있을까? 이는 AI의 강력한 데이터 분석 능력과 이를 통한 고객 수요에 대한 정확한 예측과 깊은 관련이 있다. 예를 들어 쿠팡의 AI 머신러닝 기술은 고객들의 기존 주문 패턴을 분석하여 당일 주문량을 예측한다. 이를 바탕으로 전국 30개 지역에 퍼져 있는 100여 개의 풀필먼트 센터(fulfillment center, 물류 센터와 유사하나 보관뿐만 아니라 포장, 배송, 반품 처리 등 물류 전반을 담당하는 센터)로 제품을 미리 배치하여 로켓 배송이 가능하도록 지원한다(Bizwatch, 2024).

마켓컬리는 자체 개발한 인공지능 시스템 '데이터 물

어다 주는 멍멍이(데멍이)'를 활용하여 지역별 · 상품별 주문량을 예측한다. 예측 정확도를 높이기 위해 일간, 주간, 월간 단위로 고객 연령대, 계절적 요소, 프로모션 등 다양한 변수를 반영한다. 예측된 주문량을 기반으로 가장 가까운 물류 센터에 필요한 제품을 사전 배치하여 샛별 배송 서비스(오후 11시 이전에 주문한 제품을 다음 날 오전 6시까지 배송하는 서비스)를 제공한다(IT조선, 2022). AI를 활용한 정확한 수요 예측으로 인해 마켓컬리는 신선 식품 폐기율을 경쟁사 대비 상당히 낮은 수준으로 유지할 수 있었다(IT조선, 2022).

또한 AI 기술은 풀필먼트 센터 내에서 주문이 발생했을 때 빠르게 제품이 출고될 수 있도록 최적의 제품 진열 방식과 움직임을 제안한다(Bizwatch, 2024). AI 기반 오토소터(auto sorter) 시스템은 상품을 자동 분류하여 처리 속도를 높이고, 센터에 입고된 제품을 효과적으로 픽업하기 위한 효율적인 동선과 배송 차량 내 효과적인 상품 적재 방식을 제시한다(《매일경제》, 2022; Bizwatch, 2024).

뿐만 아니라 AI는 기존의 배송 전략과 최적 배송을 위한 기존의 수학적 모델을 보완해 준다. AI는 과거 데이터를 이용하여 최적의 배송 네트워크를 결정했던 수학적 모델을 진보시켜 과거 배송 기록과 실시간 교통 · 도로 상황, 날씨, 차량 용량 등 다양한 정보를 분석하여 배송 경로를 최적화한다(GTT Korea, 2024). 또한 머신러닝을 활용하여 다양한 물류 모델 패턴을 학습하고, 변화하는 환경에 따라 최적 경로 계산을 위한 모델을 동적으로 조정할 수 있도록 지원한다. AI는 대규모 데이터를 효율적으로 처리하여 기존 모델의 계산 속도를 향상하며 보다 효과적인 의사 결정을 가능하게 한다(Chen et al., 2024). AI 기반 동적 최적화를 통해 운영 비용을 절감하고 연료 소비를 최소화하며, 배송 정확도까지 향상할 수 있다(GTT Korea, 2024).

AI 기술이 로봇과 같은 운송 혁신 기술과 결합하면 배송 속도는 더욱 향상될 것이다. 물류 센터 내에서 로봇은 제품의 분류 및 픽업, 운송 업무를 주로 담당한다. AI 기반 로봇은 최적 경로를 계산하여 신속하게 주문을 처리할 수 있다. DHL 코리아에서 도입한 AI 기반 소화물 분류 로봇은 99% 정확도를 유지하며, 시간당 최대 1000건의 주문을 처리할 수 있다(DHL, 2024). 또한 자율주행차량과 드론 배송 기술이 AI와 결합하면 도로 접근성이 낮은 지역에서도 신속한 배송이 이루어질 것이다(DHL, 2024; GTT Korea, 2024).

참고문헌

네이버 지식백과(2024). “제3자 물류”. 시사경제용어 사전.

매일경제(2022.9.2). “로켓배송 비밀은 AI물류센터… 3시간 걸리던 포장 1시간에 뚝딱”.
https://www.mk.co.kr/news/business/10444216

물류신문(2025.2.21). “11번가 ‘슈팅배송’, 주7일로 배송 서비스 확대”.
https://www.klnews.co.kr/news/articleView.html?idxno=315633

서울파이낸스(2024.2.5). “새벽배송 시장을 잡아라… 쿠팡·컬리·SSG닷컴, 차별화 전략은?”.
https://www.seoulfn.com/news/articleView.html?idxno=509546

Bizwatch(2024.2.20). “‘빠르고 편한’ 쿠팡 로켓배송, 비밀은 ‘AI’에 있었다”.
https://news.bizwatch.co.kr/article/consumer/2024/02/07/0025

DHL(2024.9.23). “AI 기술로 변화를 맞이하는 물류 산업”.
https://www.dhl.com/discover/ko-kr/logistics-advice/ai-transform-logistics

GTT Korea(2024.3.29). “AI가 재편하는 ‘물류 산업의 8가지 변화’”.
https://www.gttkorea.com/news/articleView.html?idxno=9662

IT조선(2022.3.11). “마켓컬리 식품 폐기율 1% 미만, 비결은 ‘AI·빅데이터’”.
https://it.chosun.com/news/articleView.html?idxno=2022031101274

Chen, W. et al.(2024). Artificial intelligence in logistics

optimization with sustainable criteria: A review. *Sustainability, 16*(21), 9145.

Chopra, S. & Meindl, P.(2007). *Supply chain management: Strategy, planning & operation.* Gabler.

De Treville, S. et al.(2004). From supply chain to demand chain: the role of lead time reduction in improving demand chain performance. *Journal of operations management, 21*(6), pp.613~627.

Wisner, J. D. et al.(2020). *Principles of Supply Chain Management: A Balanced Approach*, 5e. CENGAGE.

08
AI를 활용한 고객 관리

효과적인 고객 관리는 기업의 장기적 성장과 안정적 운영을 위해 매우 중요하다. 새로운 고객을 찾는 것은 기존 고객을 유지하는 것보다 5~25배의 비용이 더 든다고 알려져 있다. 기존의 고객 관계 관리(CRM)를 넘어 이제 기업들은 AI 기술을 활용하여 고객 관리를 더욱 정교하고 효율적으로 수행할 수 있다.

AI와 한의학?

자꾸 관심 있는 작품 목록이 뜬다고?

대표적인 OTT(Over-The-Top) 플랫폼인 넷플릭스(Netflix)를 이용하다 보면, 내 취향에 맞는 영화나 드라마가 정확하게 추천된다. 때때로 추천 목록에 넷플릭스에서 한 번도 시청한 적이 없지만 다른 사이트에서 무척 재미있게 봤던 영화나 선호 드라마가 등장해 놀랄 때가 있다.

넷플릭스에서 직접 검색해 본 적이 있는 작품이라면 이러한 추천이 쉽게 이해된다. 하지만 내가 검색조차 하지 않은 선호 작품이 추천될 때에는 놀라움을 느낀다. 넷플릭스는 어떻게 내 관심사와 기호를 정확하게 파악하고 있을까?

넷플릭스가 영화를 추천하는 배경에는 AI가 있다. AI 기반 추천 알고리즘을 활용하여 단순히 사용자의 검색 기록만을 분석하는 것이 아니라 사용자 나이, 성별과 같은 개인 정보를 비롯해 다양한 데이터를 분석하여 유사한 취향을 가진 다른 사용자들의 성향을 종합적으로 분석한다. 넷플릭스는 이처럼 종합적인 분석을 통해 개인 맞춤형 추천을 제공한다.

세밀한 고객 관리와 맞춤형 고객 경험을 제공하기 위해 AI를 활용하는 사례가 점차 늘어나고 있다. 공급망 관리에서도 고객 및 구매자 관리를 위해 다양한 AI 기술이 점차 활용되고 있다.

전통적인 고객 관리 방안

전통적으로 고객 관리를 위해 CRM이 활용되었다. CRM이란 수익성 있는 고객을 대상으로 장기적인 관계를 구축하고 관리하는 전략이다(Wisner et al., 2020). 성공적인 CRM을 위해서는 먼저 시장 세분화(segmentation)를 통해 핵심 고객층을 설정한다. 시장 세분화란 전체 시장을 서로 유사한 특성을 가진 고객 집단으로 나누는 과정이다(한상린, 2010). 모든 고객이 기대하는 바를 동등하게 만족시키는 것은 현실적으로 어렵기 때문에, 기업은 핵심 고객층을 식별하고 이들을 중점적으로 관리하게 된다.

효과적인 CRM은 단순히 고객 정보를 수집하여 데이터베이스화하는 것만으로 충분하지 않다. 고객이 원하는 제품과 서비스를 적절한 가격에 제공하는 것은 물론, 고객 만족을 높일 수 있는 다양한 지원 서비스와 혜택에 대해 고민해야 한다. 특히 고객이 스스로 소중하게 대우받고 있다고 느끼도록 하는 것, 즉 개인화된 경험을 제공하여 고객 충성도를 확보하는 것이 CRM의 핵심이다(Wisner et al., 2020).

효과적인 고객 관리를 위한 AI

그럼 AI 기술은 어떻게 고객 관리를 지원할까? 먼저 기업은 AI 기술을 활용한 챗봇을 도입해 고객의 문의 사항이나 문제에 대한 해결책을 즉각적으로 제시할 수 있다(DHL, 2024). AI 기반 챗봇은 기존의 콜센터와 달리 24시간 운영이 가능해 시간과 요일에 상관없이 즉각적인 답변을 제공한다. 또한 실제 상담원과 대화하는 것처럼 자연스러운 상호 작용을 구현해 고객 만족도를 더욱 높일 수 있다(O'brien, 2023).

AI는 인간 상담원과 협업하여 고객 서비스를 향상하는 데도 기여한다. 예를 들어 상담원이 고객과 의사소통할 때 필요한 정보나 고객이 요청한 정보를 상담원에게 즉시 제공하고, 상담원의 시간을 빼앗는 단순한 작업도 대신 처리한다. 로봇 프로세스 자동화(Robot Process Automation, RPA)를 활용하면 AI가 반복적인 작업을 처리하고 상담원은 고객 응대에 집중할 수 있다. 글로벌 컨설팅 기관인 딜로이트(Deloitte)에 따르면, 로봇 프로세스 자동화를 도입한 기업들은 평균적으로 20%의 추가 생산성을 확보했으며 비용 절감, 정확도 향상, 생산성 개선 효과를 경험했다(Zoom, 2023).

영국의 건강 보험사 심플리헬스(Simplyhealth)는 AI

솔루션인 '아인슈타인 포 서비스(Einstein for Service)'를 도입해 상담원 업무의 효율성을 높였다. 심플리헬스 직원들은 고객들이 자주 묻는 문의 사항을 처리할 때 AI 솔루션을 활용하여(Samuels, 2024) 고객 이메일 문의에 대한 응답 시간을 12분에서 1분으로 단축했다(Simplyhealth, 2024).

AI는 고객 정보, 과거 구매 내역, 선호도 등에 관련된 방대한 데이터를 분석할 수 있다. 고객의 구매 내역, 선호도, 행동 패턴, 유사 그룹 등을 분석하여 맞춤형 제품을 추천하고 최적의 배송 옵션을 제공하는 것도 가능하다. 예를 들어 넷플릭스는 협업 필터링(collaborative filtering)을 활용하여 나와 비슷한 취향을 가진 다른 사용자 그룹의 시청 패턴을 학습하고, 유사한 사용자 그룹을 기반으로 내가 검색한 적이 없는 새로운 콘텐츠를 추천한다(John, 2024). 또한 강화 학습(reinforcement learning)을 적용해 사용자의 실제 시청 시간을 분석하고 최적의 추천 목록을 제공한다. 강화 학습은 추천 목록 내 각 콘텐츠에 대한 가중치를 조정하는 데 유용하게 활용되며 고객에게 최적화된 작품을 추천한다(Elahi et al., 2022; Netflix Research, 2024).

기업들에게 기존 고객을 만족시키는 것은 매우 중요

하다. 연구에 따르면 기업 매출의 65%는 기존 고객으로부터 발생하며 신규 고객을 확보하는 비용은 기존 고객을 유지하는 비용보다 최소 다섯 배 더 높기 때문이다(Gallo, 2014). AI 기반 데이터 분석을 통해 고객 맞춤형 서비스를 제공하고, 개인화된 고객 경험을 제공하여 고객 만족도와 충성도를 높일 수 있다. 이는 기존 고객뿐만 아니라 아직 제품을 구매하지 않은 잠재 고객을 실제 고객으로 전환하는 데도 적용될 수 있다(Finn & Downie, 2024).

또한 기업은 AI 기술을 활용하여 고객의 과거 구매 패턴과 행동을 분석할 수 있다. 이를 통해 고객의 취향과 구매 의도 등을 파악하고 수요 예측에 활용할 수도 있다. 고객이 실제로 기대하는 바인 고객의 소리(Voice Of the Customer, VOC)를 도출하여 새로운 제품 및 서비스 설계에 활용할 수도 있다.

특히 고객으로부터 수집되는 많은 데이터는 비정형 데이터다. 비정형 데이터는 처리의 어려움으로 인해 기존 CRM에서는 활용이 제한적이었다. 하지만 AI 기반 CRM에서는 자연어 처리와 머신러닝을 활용하여 소셜 미디어 게시물, 고객 통화 녹취록, CRM 데이터 등 다양한 형태의 데이터를 분석할 수 있다. 이를 통해 고객의 숨겨진 니즈를 파악하고 유의미한 인사이트를 도출할 수 있다(Finn & Downie, 2024; O'brien, 2023).

코로나 19 이후 회복 탄력성을 위한 공급선 다변화 전략이 보편화되면서 고객들이 경쟁사 제품으로 쉽게 이동할 수 있는 환경이 조성되었다. AI 기반 고객 관리와 CRM 시스템은 고객에게 개인화된 경험과 맞춤형 서비스를 제공함으로써 고객 이탈을 방지하고, 충성도를 높이는 데 기여할 것이다. 또한 위기 상황에서도 기업의 안정적인 성장과 경쟁력 유지를 지원하는 중요한 역할을 할 것이다.

참고문헌

한상린(2010). "B2B 시장에도 고객세분화는 藥이다". 《동아비즈니스리뷰》, 71호.

DHL(2024.9.23). "AI 기술로 변화를 맞이하는 물류 산업". https://www.dhl.com/discover/ko-kr/logistics-advice/ai-transform-logistics

Samuels, M.(2024.3.18). "고객 경험을 강화하는 생성형 AI 활용 사례". 삼성SDS. https://www.samsungsds.com/kr/insights/generative-ai-for-customer-experience.html

Zoom(2023.8.2). "고객 서비스를 위한 AI: 챗봇 이상으로 CX를 향상하는 방법". https://www.zoom.com/ko/blog/ai-for-customer-service/

Elahi, E. et al.(2022.8.16). Reinforcement Learning for Budget Constrained Recommendations. Netflix TechBlog.

Finn, T. & Downie, A.(2024.7.11). AI in CRM. IBM. https://www.ibm.com/think/topics/ai-crm

Gallo, A.(2014). The value of keeping the right customers. *Harvard business review, 29*(10), pp.304～309.

John, G. K.(2024). Netflix's Recommendation Algorithm: Data Driven Product Recommendation. Linkedin. https://www.linkedin.com/pulse/netflixs-recommendation-algorithm-data-driven-kochuparambil-john-x1hmc

Netflix Research(2024). Machine Learning Platform. https://research.netflix.com/research-area/machine-learning-platform

O'brien, K.(2023). The future of AI in customer service. IBM. https://www.ibm.com/think/insights/customer-service-future

SAP(2024). What is CRM? https://www.sap.com/products/crm/what-is-crm.html

Simplyhealth(2024). Simplyhealth accelerates healthcare accessibility with Salesforce AI. https://www.simplyhealth.co.uk/news-and-articles/simplyhealth-accelerates-healthcare-accessibility-with-salesforce-ai

Wisner, J. D. et al.(2020). *Principles of Supply Chain Management: A Balanced Approach*, 5e. CENGAGE.

09
그린 시스템 구축을 위한 AI

AI는 공급망 내 탄소 배출량을 모니터링하고, 에너지 소비와 자원 낭비를 줄이는 데 기여할 것이다. 하지만 AI의 훈련과 활용 과정에서 환경에 미치는 부정적 영향이 발생하면서 딜레마가 존재한다. 미래에는 그린 AI를 접목하여 보다 지속 가능하고 효율적인 공급망 관리를 구현하는 것이 중요하다.

AI와 화장품?

그린 공급망?

일반적으로 녹색은 자연을 상징한다. 경영학에서도 '녹색(그린, green)'이라는 용어가 포함되면 대개 환경 친화적인 개념과 연관된다. 마찬가지로 그린 공급망은 환경 보호와 기업의 지속 가능한 성장을 위한 공급 네트워크를 의미한다.

기업들은 친환경 제품을 요구하는 고객들의 기대와 정부의 환경 규제에 대응하기 위해 그린 공급망 관리(Green Supply Chain Management, GSCM)를 도입하기 시작했다(Green Jr. et al., 2012). 그린 공급망 관리는 지속 가능성을 강조하며 공기 · 수질 · 토양 오염 방지와 폐기물 저감, 유해 물질 사용량 감소 등을 목표로 한다. 프로이스(Preuss, 2002)는 환경 문제를 공급망 관리의 핵심 이슈로 다루어야 한다고 강조했으며, 린턴 등(Linton et al., 2007)은 환경 관리의 초점이 개별 기업 차원에서 공급망 차원으로 이동했다고 주장했다.

특히, 최근 기후 위기로 환경 보호의 중요성이 커지면서 제품 생산 과정에서 발생하는 탄소 배출뿐만 아니라 원자재 및 부품 조달, 운송, 폐기 과정에서 발생하는 간접 탄소 배출까지 규제 대상에 포함되고 있다. 이에 따라 공급망 전반의 탄소 배출량을 정확히 파악하고, 이를 기반으로 다양한 위기에 유연하게 대응할 수 있는 탄력적인 공급망 구축이 점차 중요해지고 있다(《서울경제》, 2024).

AI와 환경적 딜레마

AI 기술은 공급망 관리를 비롯한 다양한 분야의 운영 효율성과 수행 속도를 높여 줄 것으로 기대된다. 이를 통해 낭비를 줄이고 자원을 보다 효율적으로 활용하도록 지원함으로써 환경적으로도 긍정적인 영향을 미칠 것으로 예상된다.

그러나 AI 확산에 따른 환경적 딜레마가 존재한다. AI 기술을 활용하기 위해서는 방대한 연산 처리, 학습, 데이터 저장이 필요하며, 이를 운용하는 과정에서 전력 및 에너지 소비가 급격히 증가한다. 이는 탄소 배출량 증가로 이어져 환경에 부정적인 영향을 미칠 수 있다. 실제로 아마존, 마이크로소프트, 구글과 같은 거대 IT 기업들의 에너지 사용량은 2017년부터 2021년까지 두 배 이상 증가했다(염성찬 외, 2024). 또한 미국 매사추세츠 대학교(University of Massachusetts) 연구진은 자연어 처리 모델을 훈련하는 과정에서 발생하는 탄소 배출량이 평균적인 미국 차량 한 대의 평생 탄소 배출량(제조 과정 포함)보다 크다는 사실을 밝혀냈다(Hao, 2019).

또한 AI 장치를 냉각하기 위한 물 사용량도 크게 증가할 것으로 예상된다. 단순히 물 사용량 증가뿐만 아니라 폐수 처리 과정에서 추가적인 에너지 소비를 초래하여 탄소 배출량을 더욱 증가시키게 될 것이다(염성찬 외, 2024).

낭비를 줄이고 효율성을 높이는 AI 기술의 확산이 오히려 전력 소비와 탄소 배출을 증가시켜 환경 보호 측면에서 부정적인 영향을 초래한다. 이로 인해 AI 사용에 따른 환경적 딜레마가 발생하게 된다. 이처럼 AI 기술의 양면성이 부각되면서 환경적으로 AI 기술을 효과적으로 사용할 수 있는 방안을 모색하는 노력이 지속적으로 이루어지고 있다.

이러한 노력의 하나로 그린 AI(Green AI)가 주목받고 있다. 그린 AI는 AI 성능 향상만을 목표로 하는 레드 AI(Red AI)와 대비되는 개념으로, AI가 환경에 미치는 영향을 고려하여 친환경적인 AI 연구와 도입을 지향한다(황준선, 2021). 최근 기업들은 데이터 센터 운영에 재생 에너지를 활용하고, AI 모델의 연산 효율성을 개선하는 방식으로 그린 AI를 실행하고 있다(planet03, 2025). 또한 미국 정부는 대형 AI 모델을 운영하는 기업들에게 탄소 감축 계획 제출을 의무화했으며, 중국 정부는 기업들에게 AI 모델 학습 과정에서 일부 전력을 재생 에너지로 충당할 것을 요구했다(planet03, 2025).

그러나 그린 AI 도입에도 딜레마가 존재한다. 그린 AI를 연구하고 활용하기 위해서는 또다시 방대한 데이터 수집과 학습 과정이 필요하며, 이 과정에서도 많은 에너지가 소비된다(염성찬 외, 2024). AI 기술이 결코 피할 수 없는 시대적 변화인 만큼, 그린 AI를 추구하여 최대한 에너지 효율을 높이고 탄소 배출을 줄이는 방식으로 AI를 활용해야 한다.

공급망 전반에 걸친 AI 탄소 관리

AI 기술이 적절한 방식으로 도입되면 공급망 전반에 걸쳐 낭비를 줄이고, 에너지 사용량을 최적화하여 탄소 배출 감소와 환경 보호에 긍정적인 영향을 가져올 것이다. 특히 AI는 운송 경로 최적화, 수요 예측 개선, 실시간 탄소 배출 모니터링 등을 통해 공급망 내 에너지 절감과 친환경적인 운영을 가능하게 한다.

먼저 기업은 원자재 및 부품 조달, 완성된 제품의 물류센터 이동, 고객 배송까지 AI를 활용하여 운송 경로를 최적화할 수 있다. AI 기반 운송 최적화를 통해 배송 거리를 단축하면 연료 소비가 줄어들고, 이에 따라 탄소 배출량도 감소할 것이다(DHL, 2024; 임팩티브AI, 2025).

또한 AI는 수요 예측의 정확도를 높이고 이를 바탕으로 재고 수준을 최적화하여 환경 보호에 기여할 수 있다. 정확한 수요 예측을 통해서 과잉 재고를 최소화하면 제품 생산에 따른 원자재, 에너지, 노동력 소비를 줄일 수 있다. 아울러, 판매되지 못한 재고는 폐기될 가능성이 높기 때문에 AI를 활용한 정확한 수요 예측을 통해 폐기물 발생도 줄일 수 있다(Howell, 2024).

AI는 공급망 활동에서 발생하는 탄소 배출량을 효과적으로 모니터링하는 데도 활용될 수 있다. 예를 들어 제조 및 운송 과정에서의 에너지 소비량을 정확하게 추적하고 이를 기반으로 개선책을 제안할 수 있다. 연구에 따르면 AI를 활용하면 탄소 발자국 측정의 정확도가 90% 향상될 수 있다고 한다(지용승, 2025). 또한 에너지 소비량을 정밀하게 분석하여 제품의 생산, 판매, 배송 과정에서 발생하는 환경적 영향을 보다 체계적으로 관리할 수 있다(RELEX, 2024). EU를 비롯한 여러 국가에서는 환경 보호 및 탄소 배출량 관리를 위한 다양한 규제를 시행하고 있어 공급망 내 탄소 배출량 모니터링의 중요성이 더욱 커지고 있다. AI 기술은 이러한 규제 준수에 큰 도움을 줄 것이다.

이처럼 AI 기술 자체는 공급망 최적화를 통해 환경 보호와 탄소 배출 절감에 효과적으로 기여할 수 있다. AI 기반 공급망 최적화를 통해 에너지 소비를 30%까지 절감하는 것이 가능하다(지용승, 2025). 하지만 AI 기술 활용이 전력 소비량 증가 및 폐수 배출 증가 등의 문제점을 동반한다는 점도 명심해야 한다. AI 기술을 그린 공급망 관리에 효과적으로 활용하는 동시에, 재생 에너지 활용을 확대하고, AI 모델 훈련에 필요한 컴퓨팅 파워(computing power)를 줄이며, 알고리즘의 효율성을 개선함으로써 에너지 소비 절감을 추구하는 그린 AI와 함께 발전해야 한다.

참고문헌

서울경제(2024.6.24). "[로터리] 녹색 공급망 재편이 시작된다". https://www.sedaily.com/NewsView/2DAL7HQY66

염성찬 외(2024.4.29). "탄소중립을 위한 인공지능, 그린 AI(Green AI)의 역할". 《Greenovation I&I》. 국가녹색기술연구소.

임팩티브AI(2025.1.31). "2025년 공급망 트렌드 미리 보기". https://www.impactive-ai.com/insight/supply-chain-trends-for-2025

지용승(2025.2.19). "[ESG 대전환 시대 기업 생존의 새로운 기준] AI, 환경 구원자일까, 파괴자일까?: 지속가능성을 둘러싼 기술의 양면성". 《전북일보》.
https://www.jjan.kr/article/20250219580098

황준선(2021.10.31). "Green AI". Smilegate AI.
https://smilegate.ai/2021/10/31/green-ai/

DHL(2024.9.23). "AI 기술로 변화를 맞이하는 물류 산업".
https://www.dhl.com/discover/ko-kr/logistics-advice/ai-transform-logistics

planet03(2025.2.6). "'그린 AI' 규제와 협력, 어디까지 왔나?"
https://www.planet03.com/post/%EA%B8%B0%ED%9A%8D-%EA%B7%B8%EB%A6%B0-ai-%EA%B7%9C%EC%A0%9C%EC%99%80-%ED%98%91%EB%A0%A5-%EC%96%B4%EB%94%94%EA%B9%8C%EC%A7%80-%EC%99%94%EB%82%98

Green Jr. K. W. et al.(2012). Green supply chain management practices: impact on performance. *Supply chain management: an international journal, 17*(3), pp.290~305.

Hao, K.(2019.6.6). Training a single AI model can emit as much carbon as five cars in their lifetimes. *MIT Technology Review.*
https://www.technologyreview.com/2019/06/06/239031/

Howell, B.(2024.9.6). 9 Ways AI Is Being Used to Help the Environment. CleanHub.
https://blog.cleanhub.com/how-is-ai-being-used-to-help-the-environment#:~:text=Optimizing%20energy%20systems:%20AI%20algorithms,emissions%20in%20the%20long%20run

Linton, J. D. et al.(2007). Sustainable supply chains: An introduction. *Journal of operations management, 25*(6),

pp.1075~1082.
Preuss, L.(2002). Green light for greener supply. *Business Ethics: A European Review, 11*(4), pp.308~317.
RELEX(2024.11.28). How can AI enhance sustainability in supply chain?
https://www.relexsolutions.com/resources/how-can-ai-enhance-sustainability-in-supply-chain/

10
공급망 관리에서의 뉴 노멀

최신 기술을 도입하는 것은 언제나 많은 반대와 도전을 야기한다. AI 기술의 도입은 어떨까? 초기에는 시스템 구축과 개발, 교육을 위해 많은 비용이 들기 때문에 AI 기술을 전면적으로 도입하기 쉽지 않을 것이다. 따라서 기업들은 효과적인 도입 전략을 수립하여 기업 구성원들이 AI라는 뉴 노멀을 받아들이도록 유도해야 한다.

종교와 AI?

뉴 노멀

'뉴 노멀(New Normal)'이라는 용어가 있다. 시대 변화에 따라 새롭게 자리 잡은 표준을 의미한다(네이버 지식백과, 2024). 원래 이 용어는 2007년 글로벌 금융 위기 이후 기존과는 다른 새로운 경제 질서를 설명하기 위해 사용되었다. 하지만 현재는 경제뿐 아니라 사회, 기술, 기업 경영 등 다양한 분야에서 변화에 따라 새롭게 자리 잡은 표준을 의미하는 개념으로 확장되었다. 오늘날 우리는 다양한 분야에서 급변하는 환경과 기술의 발전으로 인해 새로운 표준, 뉴 노멀을 맞이하고 있다.

아직까지 공급망 관리의 표준은 전통적인 공급망 관리 이론에 기반한다. 수요 예측, 재고 최적화, 품질 관리 및 공정 모니터링, 최적 배송 경로 설정, 고객 세분화 등에서의 주요 의사 결정은 여전히 최적화 이론과 회귀 분석, 시계열 데이터 분석 등 전통적인 통계적 분석 기법을 활용하여 이루어진다. 대부분의 공급망 관리 소프트웨어 또한 이러한 전통적인 방법론과 이론에 기초해 있다.

그러나 AI 기술의 등장은 공급망 관리에 큰 변혁을 가져오고 있다. AI는 기존 공급망 이론과 결합하여 공급망 내 최적화 문제를 더 빠르게 해결할 뿐만 아니라, 자동화된 데이터 수집 및 분석을 통해 방대한 데이터를 실시간으로 처리할 수 있도록 한다. 특히 기존 방식으로는 해석하기 어려웠던 비정형 데이터까지 분석하여 새로운 인사이트와 해결책을 제공하는 것이 가능해졌다. AI 도입을 통해 공급망 내 다양한 예측의 정확도가 향상되며, 이를 통해 운영 비용 절감 효과를 기대할 수 있다. 이러한 변화는 단순한 기술적 발전을 넘어 공급망 관리의 패러다임을 변화시키는 새로운 뉴 노멀이 되고 있다.

코로나 19 팬데믹은 많은 기업이 공급망 회복 탄력성의 중요성을 깨닫게 한 계기가 되었다. 과거의 공급망 모델은 효율을 최우선했지만, 팬데믹과 같은 대규모 혼란을 겪으며 유연성과 회복력이 중요한 요소로 부각되었다. AI 기술은 이러한 변화 속에서 공급망 내 수요 예측, 최적의 파트너 선택, 재고 및 품질 관리, 배송 및 물류 관리, 고객 관리, 지속 가능한 공급망 구축 등을 위해 유용하게 활용될 수 있다. 특히 공급망의 가시성을 개선하여, 코로나 19와 같은 혼란 속에서도 견딜 수 있는 강한 회복력을 갖춘 공급망을 구축하는 데 기여할 것이다(Modgil et al., 2022). 궁극적으로 AI 기술은 공급망 관리의 효율성을 극대화하고 혁신을 촉진하는 핵심 동력으로 작용할 것이다. 이는 단순히 공급망 개선을 넘어 기업의 미래 경쟁력을 결정짓는 중요한 요소가 될 것이다.

도전 과제

AI 기술은 매우 빠른 속도로 발전하고 있다. 그러나 공급망 관리가 AI 기술과 결합하여 새로운 공급망 패러다임을 창조하기 위해서는 여전히 해결해야 할 과제들이 많다(Wamba et al., 2022).

먼저 AI 도입을 마치 기업의 모든 문제를 해결할 만능 도구로 생각해서는 안 된다. 즉, AI에 대한 과도한 의존을 경계해야 한다. AI는 강력한 도구이지만, 공급망을 설계하고 최종적인 의사 결정과 운영을 담당하는 것은 여전히 사람이다(Downie & Finn, 2024). AI 기반 공급망 관리 솔루션을 활용하는 과정에서 오류나 예기치 않은 문제가 발생할 수 있으며, 이를 분석하고 수정하는 역할 역시 사람에게 달려 있다. 따라서 AI와 사람의 역할을 균형 있게 조율할 수 있는 능력이 필요하다.

또한 AI 기반 공급망 관리를 효과적으로 구현하기 위해서는 높은 수준의 기술적 이해도를 갖춘 인력과 이들에 대한 교육, 그리고 이를 뒷받침할 수 있는 AI 인프라 구축이 필수다(Downie & Finn, 2024). 그러나 가용 자원과 인력이 제한적인 중소기업의 경우에는 대규모 인프라 구축과 인력 교육 비용에 부담을 느낄 수 있다. AI 도입의 이점과 비용을 신중하게 따져 보고, 투자 대비 효과를 면밀히 검토하는 전략적 접근이 필요하다. AI 기술을 도입한 후, 매출액이나 이익과 같은 재무적 성과로 연결되기까지는 일정 기간이 소요될 가능성이 높다는 점도 염두에 두어야 한다.

데이터 품질 또한 AI 도입의 주요 과제 중 하나다. AI가 기업이 직면한 여러 공급망 문제에 대해 신뢰할 만한 해답을 제공하려면 고품질의 데이터 확보가 필수다(과학기술정보통신부 외, 2024). 그러나 AI 학습을 위한 정확하고 일관된 데이터를 지속적으로 수집하는 것은 결코 간단한 일이 아니며 상당한 노력과 자원이 요구된다. 특히 수집된 데이터가 부정확하거나 편향되어 있다면 AI가 도출하는 분석 결과의 신뢰성도 저하될 것이다(Downie & Finn, 2024). 따라서 AI 데이터 품질 관리와 지속적인 데이터 업데이트 체계를 구축하는 것 또한 AI 도입을 위한 주요 과제가 될 것이다.

AI 기술을 도입한 후에도 고민해야 할 사항이 적지 않다. AI 기술은 불과 몇 년 사이에 급격한 발전을 이루었으며 향후 더 빠른 속도로 발전할 가능성이 높다. 이처럼 빠른 기술의 진보를 기업이 지속적으로 따라잡기 위해서는 상당한 노력이 필요하다. AI 기반 공급망 구축은 단발성 이벤트가 아니라 지속적인 관심과 노력이 필요한 장기간 프로젝트임을 명심해야 한다. 이를 위해 CEO를 비롯한 기업 경영진의 적극적인 지원도 필수다. 경영진이 장기적인 전략을 수립하고, 지속적인 교육과 도입을 위한 투자를 결정해야 한다.

AI 기술은 IoT, 로봇 기술 등과의 융합을 통해 더욱 강력한 성과를 달성할 수 있다. 예를 들어, AI와 IoT 기술을 결합하면 공급망 전반에서 실시간으로 재고의 위치와 흐름을 더욱 정확하게 파악하여(Rogers & Jonker, 2024) 공급망 가시성을 높이고, 예측 정확도를 향상할 것이다. 또한 AI와 로봇 기술이 결합되면 AI 기반 배송 로봇을 비롯한 물류 혁신이 가능해진다. 따라서 AI를 도입하는 기업들은 단순히 AI 기술만이 아니라, 이를 보완하는 다양한 기술들을 함께 고려하여 통합적인 혁신 전략을 마련해야 한다.

마무리하며

AI와 공급망 관리의 결합은 이제 시작에 불과하다. AI 기술은 우리가 상상하는 것 이상으로 빠르게 발전하고 있으며, 이러한 혁신은 앞으로 더욱 가속화될 것이다. AI의 발전과 함께 공급망 관리 역시 혁신을 거듭할 것이다. 자율적으로 운영되는 완전 자동화 공급망, 매우 정교한 예측 분석, 실시간 최적화가 머지않아 실현되리라 기대한다.

영화 〈아이언맨〉에서 토니 스타크(Tony Stark)와 AI 비서 자비스(J.A.R.V.I.S)는 놀라운 시너지를 발휘한다. 자비스는 머신러닝과 자연어 처리 능력을 비롯해 다양한 AI 기술을 갖춘 지능형 챗봇으로 보인다. 자비스는 실시간으로 방대한 데이터를 분석하고, 매순간 최적의 해답을 제시하며 스타크의 의사 결정을 돕는다.

이처럼 AI는 기업 의사 결정자들을 지원하여 공급망을 보다 효율적이고 정밀하게 운영할 수 있도록 지원할 무한한 가능성을 가지고 있다. AI 기반의 데이터 분석과 자동화 기술을 활용하면 공급망은 더욱 정확한 예측, 최적화된 운영, 실시간 대응, 강력한 회복 탄력성을 갖춘 새로운 차원으로 진화할 것이다.

AI의 잠재력을 통하여 기업 공급망이 혁신되고 공급망 관리의 새로운 시대가 개척되기를 기대한다. 이 책이 AI와 공급망 관리의 무한한 가능성을 탐구하는 데 도움이 되었기를 바라며, 앞으로 AI 기술과 공급망 관리의 융합이 어떻게 발전할지 지켜보도록 하자.

참고문헌

과학기술정보통신부 외(2024). “인공지능 학습용 데이터 품질관리 가이드라인 v3.1: 제2권 초거대 AI 데이터 품질관리 가이드라인”.

네이버 지식백과(2024). “뉴 노멀”. https://terms.naver.com/entry.naver?docId=2718653

Downie, A. & Finn, T.(2024.5.20). What is AI in supply chain? IBM. https://www.ibm.com/think/topics/ai-supply-chain

Modgil, S. et al.(2022). AI technologies and their impact on supply chain resilience during COVID-19. *International Journal of Physical Distribution & Logistics Management, 52*(2), pp.130~149.

Rogers, J. & Jonker, A.(2024.11.7). What is AI inventory management? IBM. https://www.ibm.com/think/topics/ai-inventory-management

Wamba, S. F. et al.(2022). Industry experiences of artificial intelligence (AI): benefits and challenges in operations and supply chain management. *Production planning & control, 33*(16), pp.1493~1497.

정성욱

한국방송통신대학교 경영학과 조교수다. 서울대학교 화학생물공학부를 졸업하고, 미국 미시간대학교에서 경영학 석사, 서울대학교 경영학과에서 경영학 박사 학위를 받았다. 동아대학교 경영학과 조교수와 인천대학교 경영학부 초빙교수로 근무했으며, 삼성전자 반도체사업부, 글로벌 금융 IT 솔루션 기업 뮤렉스(Murex)에서 근무한 이력이 있다. 저서로 《+F 전략》(2018)이 있다.